O Mestre do Bom Nome

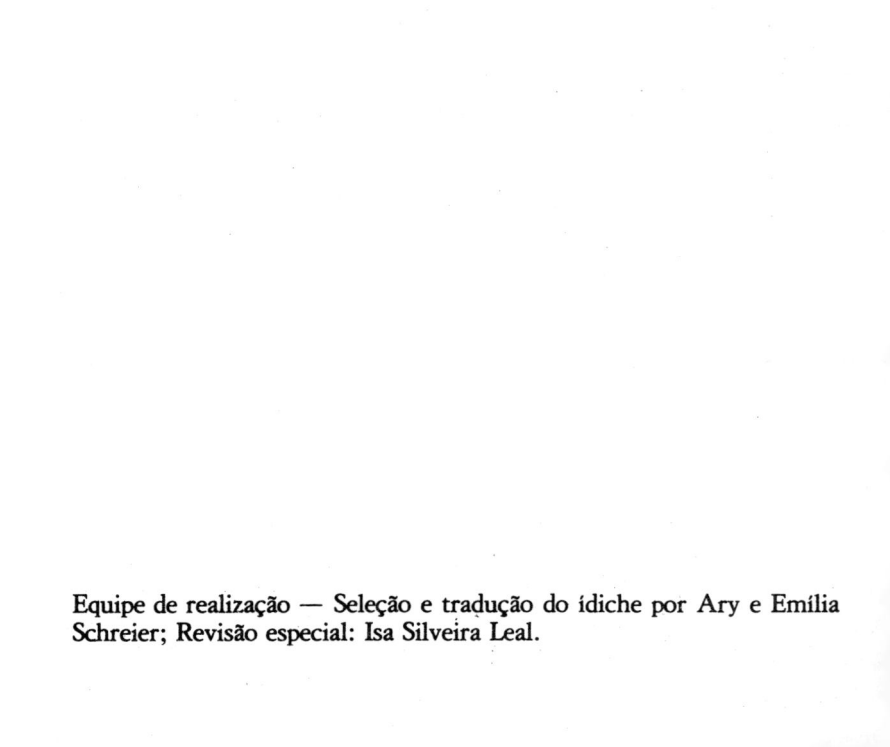

Equipe de realização — Seleção e tradução do ídiche por Ary e Emília Schreier; Revisão especial: Isa Silveira Leal.

O MESTRE DO BOM NOME

Organização Ary e Emília Schreier

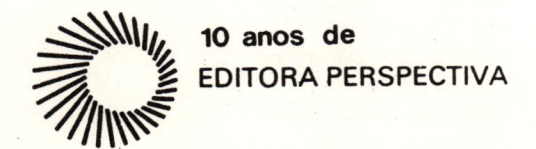

10 anos de
EDITORA PERSPECTIVA

Direitos em língua portuguesa reservados à
EDITORA PERSPECTIVA S.A.
Av. Brigadeiro Luís Antônio, 3025
Telefone: 288-8388
01401   São Paulo   Brasil
1976

*Em memória
de
nossos inesquecíveis filhos
Célio
e
Chael Charles*

SUMÁRIO

- 9 Prefácio
- 11 Introdução
- 21 Nascimento
- 23 A Revelação
- 26 Segundas Núpcias
- 27 Os Assaltantes
- 28 Absolvição de uma Alma
- 29 Desentendimentos com o Cunhado
- 31 Outros Atritos com o Rabi Guerschon
- 32 Recuperação de um Roubo
- 33 Páscoa
- 34 Israel e o Rabi de Klaiber
- 35 A Revelação
- 37 Rabi Israel Ben-Eliezer — O "Baal Schem Tov"
- 38 Fatos do Início da Revelação
- 38 A Chuva
- 39 Nova Mudança
- 40 A Cura
- 41 O Médico Famoso
- 42 Como Atraía Adeptos
- 43 O Professor Talmúdico
- 44 Protegendo contra Satã
- 46 Livrando da Morte
- 48 Guerra ao Feiticeiro
- 50 Revelando um Segredo
- 52 O Filho do Comerciante
- 53 A Força da Fé
- 54 A Gargalhada
- 57 A Sinagoga
- 58 A Neta do Rabi David
- 60 Confissão de um Criminoso
- 61 Mundo Cego
- 62 A Vitória
- 64 A Trama
- 65 A Luz da Torá

66 Aparição do Maguid Rabi Yossef após a Morte
67 Prolongando a Vida de uma Criança
68 Calor no Inverno
69 O Esperto Ladrão
70 Cilada para a Irmã
71 Troca de Chapéus
73 A Piedosa Mulher
74 Um Homem de Sorte
76 A Torá Impura
76 A Notícia
77 O Costume
78 Protegendo um Necessitado
78 Salvando de um Afogamento
79 O Negociante
82 Os Três Irmãos
83 Evitando um Despejo
84 O Sinal de Pecado
85 A Caminho de Israel
87 O Cego
89 O Humilde Pedido
90 Penitência de um Grave Pecado
91 Evitando uma Conversão
93 O Hoteleiro
94 Yom Kipur: Dia da Expiação
95 A Infame Intriga
96 Barão de Radziwil
99 O Paralítico
101 Ajuda a um dos Adeptos
103 O Segredo
106 O Maguid
107 Rabi Mehele: "Iehiel Mihal"
108 Rabi Guerschon
109 Rabi David de Mikolaiev
112 Rabi Wolf e Rabi David
114 Rabi Aba de Krivitz
115 Rabi Iehiel de Kawel
115 Rabi de Halitch
116 Rabi Naham de Kossov
118 Rabi Dov Ber
120 Hudel — Filha de Baal Schem Tov
120 Passagem para a Vida Eterna
122 Haim — O Galitzianer
132 Glossário

PREFÁCIO

As estórias que aparecem neste livro têm como finalidade inspirar aos Leitores mais fé e emoção na vida atual, e mais reverência ao nosso glorioso passado. Nossos sábios ensinam que da santidade e pureza do homem pode-se aprender sobre D-us.

As estórias escolhidas neste volume ensinam moralidade, humildade, justiça e fraternidade.

O objetivo desta obra foi trazer uma parte das estórias do Sagrado Baal Schem Tov ao público brasileiro numa linguagem popular, dando assim a todos, e especialmente aos nossos jovens, uma idéia da grandeza desta figura que transforma gerações.

Os sábios do Talmud escrevem que D-us viu que os Justos serão poucos e por isso os espalhou em todas as gerações.

Baal Schem Tov, fundador do "Hassidismo" ensinou que Judaísmo e Torá são propriedade de todos, e que cada judeu, independente da sua situação atual, de seu passado e de seus conhecimentos, é realmente capaz de servir D-us. "Ahavat Israel", Amar ao próximo, não depende das qualidades deste próximo ou se ele merece este amor.

Servi-Lo acentuou, é vital na vida de cada um, e nosso potencial de serviço religioso é incalculável.

Alegria na realização da vontade Divina, calor para com nosso próximo — estes tornaram-se os pontos básicos do Hassidismo. Baal

Schem Tov demonstrou que cada pessoa pode servir a D-us. E sempre com alegria, pois alegria é a arma capaz de derrubar toda e qualquer barreira, abrindo caminho para uma nova vida feliz, na verdadeira acepção da palavra.

O casal Emília e Ari Schreier merecem todos os louvores por ter posto este capítulo glorioso da nossa herança à nossa disposição.

Espero que este volume tenha uma continuação em breve, e alcance os frutos desejados em seu objetivo, aproximar os corações ao Seu Criador e fazendo de nossa vida algo mais elevado e espiritual.

Rabino Shabsi Alpern

INTRODUÇÃO

No limiar de uma nova época, a segunda metade do século XVIII, quando uma sã mentalidade era a única autoridade reconhecida entre os emaranhados caminhos da vida, aconteceu algo incomum: a existência de um humilde judeu transforma-se numa fantástica história, tão grande foi o impacto produzido pelo professor rural, um andarilho que na verdade era o líder espiritual daquela geração. Através do que de extraordinário e ingênuo é tecido sobre a sua imagem, fica visível um retrato real, fabulosamente belo em sua simplicidade e erudição.

ISRAEL BEN-ELIEZER, "BAAL SCHEM TOV", nasceu por volta de 1699, na região de Podolski, na pequena cidade de Okup, próxima à fronteira com a Turquia. O sustentáculo da família, ao que parece, não foi seu pai Eliezer, mas sua mãe Sara, que era parteira. Bem cedo perdeu o pai, que pouco antes de falecer lhe disse: "Filho querido, lembre-se sempre que D-us* está com você e por isso nada deve temer". Tempos depois, a mãe morreu e o pequeno órfão ficou entregue aos cuidados de pessoas estranhas que se preocuparam com sua educação, matriculando-o numa escola. A escura e antiquada sala de aula influiu de modo desagradável sobre aquele rapaz sonhador. Não

---

* Segundo tradição mística, conservamos a grafia incompleta do nome de Deus. (N. dos T.)

conseguiu adaptar-se e os dirigentes de sua comunidade ficaram desanimados, deixando-o em paz.

O jovem Israel começou então a pensar seriamente em seu sustento. Tornou-se bedel de um professor primário. Com grande prazer e alegria cumpria sua obrigação: levar, ida e volta pela floresta, as crianças pequenas à escola ou à Sinagoga. "Quando ia ou vinha com elas" — conta o livro *Louvores a Baal Schem Tov* — todos cantavam durante o trajeto com vozes afinadas".

Sobre este grande amor pelo canto e pela música, há muitas referências em suas diversas biografias. Até as canções que os gentios entoavam eram ouvidas por ele com emoção. Contavam seus adeptos que, pela execução e interpretação da música, conseguia descrever a vida de quem a interpretava.

De bedel passou a ajudante do encarregado da Sinagoga, onde pôde então entregar-se à sua fervorosa devoção dedicando-se aos estudos da Torá. Também se dedicava à Cabala de "Arizal" (Rabi Isaac Lúria) e às importantes obras de Haim Vital.

Deixando a cidade natal, dirigiu-se para o norte da Galitzia onde foi professor rural durante algum tempo, mudando-se depois para uma comunidade não distante de Brod. O jovem mestre logo captou a simpatia de todos com sua brilhante inteligência, integridade moral, sentimentos elevados e espírito de justiça. Quando ocorria alguma questão entre as pessoas, em geral era ele o Juiz.

Após seu casamento, o casal fixou residência perto de uma aldeia entre Kitov e Kossov, nos Montes Cárpatos, onde Israel se isolava numa cabana no centro da floresta a estudar e meditar, vivendo de modo rigoroso, como era hábito entre os cabalistas. Assim o jovem solitário, em contato com o misticismo daquela paisagem deslumbrante, começou a ter uma visão mais elevada do mundo. As derradeiras palavras do pai: "Lembre-se que D-us está com você, nada deve temer", haviam penetrado profundamente na criança sensível e ali, no meio da natureza magnificente, repercutiam de um modo suave. O significado puro das palavras penetrava no íntimo do jovem, indo direto ao nobre coração e fazendo-o encarar tudo com respeitosa humildade. Cercado por aqueles majestosos montes de picos aguçados onde brilha a eterna neve, ouvindo o murmúrio das florestas, o sibilar do vento montês a sussurrar entre as moitas e matas cerradas, o ruído das fontes brotando entre as pedras e serpeando pelas selvas: tudo isto, toda esta beleza, fez com que aquele jovem iluminado visse e sentisse o que há de oculto nestas palavras: "De SUA GLÓRIA está cheio o universo. Toda a terra está repleta de SUA MAJESTADE".

Não devido a uma curiosidade especulativa, mas por sua sensibilidade poética, ele entendia que tudo no mundo é simples e puramente a incorporação reveladora de D-us. Que tudo leva o carimbo do reflexo divino, que é todo humildade, amor e carinho. Sentiu também que, para bem servir a D-us, não devia somente estudar a Torá, nem suportar sacrifícios e ter arrependimentos, pois estes não são os únicos caminhos que nos levam ao ETERNO e ao SEU reconhecimento.

O ensino muito pouco, ou quase nada, proporcionava ao seu sustento. Mas, aos poucos, apareceu outro meio de vida: o professor adquiriu fama. Cabe aqui um esclarecimento: naquela época de total obscurantismo quanto à fé, o povo era dominado por superstições, e quando surgia um "Baal Schem", ele se tornava importante na vida judaica, sobretudo para os que moravam nas aldeias. Na mocidade, Israel teve ocasião de estudar muitos tratamentos de doenças, anotados nos manuscritos sagrados do Rabino Adam. Também é perfeitamente explicável que, em seu isolamento nos Montes Cárpatos, em contato direto com a natureza, pudesse analisar meticulosamente e conhecer as propriedades terapêuticas dos diversos vegetais e ervas medicinais.

Com sua crença na misericórdia Divina, sentindo sempre a presença de D-us, o dedicado estudioso exercia uma influência lenitiva sobre os necessitados que o procuravam. Desta maneira, o estalajadeiro e professor aos poucos se transformou num "Baal Schem". Sua fama crescia sempre; costumavam convidá-lo para visitar pessoas em diversas cidades e aldeias. Tornou-se tão célebre que não precisava mais viajar — vinham dos mais longínquos lugares da Polônia, da Ucrânia e de outras partes do mundo, para procurá-lo, primeiro em Tlust e depois em Mesebitsch, onde Israel fixou residência, por volta de 1740. Ali permaneceu até o fim da vida. Os que não tinham possibilidade de vir vê-lo pessoalmente enviavam-lhe cartas descrevendo seus problemas, pedindo soluções. Suas curas se propagaram de tal modo que, com o correr do tempo, para poder atender a todos, precisou recorrer aos discípulos, seus auxiliares.

Para destacar Israel Ben-Eliezer dos outros "Baal Schem" é necessário esclarecer que devido à sua profunda espiritualidade era chamado de "Baal Schem Tov", porque se dirigiam a ele não só doentes físicos ou mentais, mas também aqueles que procuravam e não encontravam satisfação nos velhos caminhos, na antiga concepção religiosa do mundo. Estes não iam em busca de talismãs, camafeus ou curas, mas queriam, através dele, descobrir a viva fonte do reconhecimento de D-us, o caminho certo de bem servir ao ETERNO... e tudo por intermédio dele, o "simplório", o "caipira grosseiro", que o erudito Rabi Guerschon desprezara, sentindo vergonha e temendo ver sua honra empanada se morasse com ele entre quatro paredes.

Grandes estudiosos e importantes rabinos vinham ter com ele para conhecê-lo melhor, pedir conselhos, tornando-se seus mais fervorosos adeptos. O próprio Rabi Guerschon, seu cunhado, com toda sua empáfia e orgulho, muito se arrependeu e reconheceu publicamente o valor espiritual do marido de sua irmã, entrando para o grupo de seus fiéis seguidores.

Como o tão afamado "Arizal" (Rabi Isaac Lúria), duzentos anos antes, também Israel não escrevia seus ensinamentos sozinho. Chegou-nos às mãos só uma carta dirigida a seu cunhado Rabi Guerschon, que é importantíssima, pela concepção de Baal Schem Tov sobre os acontecimentos mundiais. Embora de modo restrito, ela pôde fornecer-nos esclarecimentos sobre o fundador do hassidismo.

No livro *Louvores a Baal Schem Tov*, e também nos autores contrários ao hassidismo como o *Maguid* David Makov, é narrada a maneira pela qual Baal Schem Tov passeava pelas ruas e mercados, detendo-se a conversar com simples aldeões, mulheres judias, a contar maravilhosas histórias e citar inúmeras parábolas. Estas prosas e ditos do Baal Schem Tov ficaram gravadas na memória de seus discípulos, ainda em vida do mestre. Alguns tentaram transcrever seus ensinamentos, mas não possuíam habilidade suficiente.

Só vinte anos após a desencarnação do mestre, um dos seus mais destacados alunos, o Rabino de Polnói, Rabi Yaakov Yossef, editou três livros. Nestes, incluíam-se longos discursos sobre a Torá e a Dissertação Talmúdica, centenas de ditos e exemplos do mestre ouvidos por ele, outros narrados pelos colegas. Estas citações são sempre acompanhadas do seguinte esclarecimento: "ouvi do meu mestre, ou em nome do mestre". Foram compilados os ensinamentos, editados pelos discípulos do Baal Schem Tov e do Mesritscher Maguid, nestes dois livros: de *Maguid Devarav Leiakov* em 1784 e de *Lekute Amorim* em 1792. Foram logo compilados em edições especiais: *Keter Schem Tov* (Coroa do Schem Tov) por Aron de Hasta (1º vol., 1784; 2º vol., 1792) e *Tzawoat de Baal Schem Tov* (citações), reunidas pelo Rabi Yeshua de Yanov, em 1792.

Do conjunto dos livros supracitados, é mais ou menos válida a do hassidim de Lubavitch, Rabi Schneur Zalman, que disse a respeito do livro *Tzawoat de Baal Schem Tov:* "Isto não é um testamento dele, mas simplesmente um agregado de suas palavras, que os discípulos, um após outro, foram reunindo. Estes, apesar de não possuírem a linguagem adequada para exprimir fielmente as elevadas dissertações do mestre, envidaram os maiores esforços para sobrepujar as dificuldades, conseguindo que seu conteúdo transmitisse pura e simplesmente a expressão da verdade".

Todo o sistema do Baal Schem Tov se baseia no princípio fundamental claramente expresso no Zohar: a junção da Divindade com o Cosmos; do Mundo Celestial com o Globo Terrestre; do Céu com a Terra.

"Que o homem saiba da seguinte regra" — ensina Baal Schem Tov — "durante os estudos da Torá e na oração não existe entre o homem e D-us nenhuma separação; mesmo quando, na hora da prece, advierem maus pensamentos, também estes pensamentos impuros são apenas a roupagem, o invólucro sob os quais o Criador está envolvido. É por isto que, o mesmo instante em que o homem reconhece que sob eles se encontra a Divindade, logicamente eles deixam de ser ocultos".

"A Divindade — declara Baal Schem Tov — se disfarça sob diversos aspectos, mas as pessoas compreensivas sabem perfeitamente que toda esta simulação, todos estes trajes e subterfúgios, são também parte Dele Mesmo". A esse respeito, conta a seguinte história: "Certa vez um rei muito inteligente mandou construir, cercando o palácio, altas muralhas terminadas em torres, intercaladas por grandes portões de ferro e ordenou que as jóias pertencentes ao tesouro fossem espalhadas ao léu, bem junto às entradas e sem nenhuma vigia. Em seguida, mandou publicar um edital convidando seus súditos a procurá-lo quando quisessem, bastando transpor os portões que se mantinham abertos. Mas ninguém chegou até ele, pois quando se aproximavam, aquela fortuna abandonada os fazia esquecer a finalidade da vinda; enchiam os bolsos e retornavam a seus lares. Certo dia, porém, o príncipe seu filho veio de longe para visitá-lo. Ficou admirado ao ver aquela imensa riqueza assim esparramada e com muito cuidado para não pisar nos valiosos objetos, desviando-se de um lado e de outro, conseguiu afinal ultrapassá-los e se encaminhou diretamente à sala do querido pai para abraçá-lo afetuosamente. Compreendeu então que nada existia que o separasse do pai querido, pois tudo na vida não passa de simples ilusão".

No Zohar fluem de modo dialético as mais agudas controvérsias: o Infinito com o Limitado; o Universal, oculto e inexplicável Não com o verdadeiro Sim. Baal Schem Tov vai mais além e faz uma explanação lógica: "O mundo está repleto de D-us — até o lugar do pecado e o gozo do mesmo provêm do prazer celestial. A presença divina — continua — está espalhada nos altos céus e nos mais profundos abismos; é aí que reside o segredo desta frase: TU sustentas a tudo e a todos".

Naquela época em que os livros *Kav Hayacher* e *Schevat Mussar* transbordaram de maldades, Baal Schem Tov viu neles somente a luminosidade e a grandeza divinas, o imenso carinho e o grande amor de D-us. Até mesmo quando o homem comete um pecado, a presença do ETERNO está incorporada nele, porque, sem a Presença, ele não teria condições de mover um só músculo do corpo. Ela é a existência do seu espírito; somente Ela lhe dá Força e Vida. A Presença Divina abrange todos os mundos e criações, tanto bons como maus. A realidade indiscutível é que sendo D-us um só, como se concebe que ELE contenha em SI ao mesmo tempo duas coisas antagônicas: o Bem e o Mal? Esta contestação se esclarece muito simplesmente com o fato de que as pessoas vivem num erro: as contradições não são absolutas, sob a casca da maldade está encerrada a bondade, como a pureza. O mal absoluto não existe, ele é um degrau de apoio para o Bem. Graças ao Mal é que o Bem recebe seu significado real, seu verdadeiro valor.

Escuridão e Claridade também não são dois mundos diferentes, porque a luz nasce da escuridão, uma está ligada à outra — a Luz e a Escuridão se fundem numa só coisa.

"Tudo que há no mundo é somente Bem" — conclui Baal Schem Tov — ele, o filho de uma geração órfã de fé, criado na sociedade decadente, de sangrentas opressões e perseguições, foi, em toda a vida, uma muralha de otimismo. Também ele, o inocente, sonhador, o místico de Podolie, não menos do que "os estudiosos europeus mais esclarecidos", estava convicto de que o homem nasceu para ser feliz.

Na carta a seu cunhado Rabi Guerschon recorda Baal Schem Tov seu Rabi, sem contudo citar o nome. Porém um dos discípulos no livro *Der Baal Toldot Yaacov Yossef* conta que supunham teria sido o profeta Ahiáh Hachiloni, que viveu nos tempos do rei Salomão e que em sonhos lhe transmitia segredos místicos. Entretanto, analisando minuciosamente os ensinamentos do Baal Schem Tov, deparamos com a forte influência, não só desse quase desconhecido profeta dos velhos tempos bíblicos, mas também do grande e místico Rabi Isaac Lúria de Tzefat.

Uma das regras de Baal Schem Tov quanto à definição da Fé Dogmática: "Tudo é revelação de D-us. As mais insignificantes ocorrências são somente os variados vestuários multicoloridos da Divindade. Em todo o Universo existem amplos mundos de espíritos divinos. D-us está em tudo que existe — em tudo aquilo que o homem utiliza e usufrui" — ensina ele. "O homem absorve as faíscas divinas que daí emanam, pois sem esta fagulha espiritual não haveria a razão de ser da nossa existência. E é por este motivo que o ser humano deve comportar-se com todo o amor, carinho e respeito para com o que usualmente toca e usa".

Muito característico é o ensino de Baal Schem Tov sobre o papel preponderante que a oração exerce na vida humana. Ele vê na oração o mais profundo mistério, por estar ligada a D-us. O essencial nas súplicas que fluem do âmago do coração é a união com a luz da eternidade. O ente humano não avalia quanto, através de sua oração, ajuda a todos os mundos e de como os próprios anjos se nutrem dela. O homem deve saber que da fonte divina sempre jorra auxílio, porque sua função precípua é dar santidade, pureza e bondade a todas as criações. Aquele que recebe deve ser merecedor, para alcançar esta dádiva divina: quando alguém está orando, transforma-se num canal da fonte divina, por onde flui para ele a graça de D-us. "A pessoa" — adverte Baal Schem Tov — "deve em sua prece não almejar bens materiais e pessoais, porque com isto traz reivindicações corriqueiras, edificando uma parede entre ela e o Espírito Santo".

A oração precisa ser feita em concentrada devoção, com o completo olvido da parte material e sob profunda alegria. Não obstante, não se pode levar em conta a mofa que poderá advir de alguns incrédulos, quando verificam esta extasiada atitude, este total desligamento. Quando uma pessoa está prestes a afogar-se, faz movimentos braçais e corporais, procurando salvar-se das águas impetuosas que a estão tragando; se ocasionalmente espectadores a avistam, certo é que naquele momento angustiante não caçoarão do que está ocorrendo. Assim, pois, não há motivo para motejos e risadas aos que fazem suas preces movimentando-se; eles estão procurando afastar as correntes caudalosas, que são os pensamentos impuros, os quais costumam prejudicar a elevada concentração e o profundo êxtase durante a reza.

Baal Schem Tov declara: "O homem pode fazer sua prece completamente imóvel, não significando que ele não esteja em profunda e concentrada devoção. Este é o mais alto grau: a oração da própria alma, vinda do âmago do coração, emanada em imenso amor a D-us. Esta é a mais alta intensidade de devoção — sem liames materiais, como madeira queimando" — diz noutra ocasião — "sobe aos céus somente a chama fervorosa; as partes pesadas ficam sob a forma de cinzas, frias e pulvéreas. Assim se elevam, durante a oração, os pensamentos devotos e o intenso arrebatamento da pessoa, porém as palavras espalham-se como cinzas". Baal Schem Tov demonstra ainda: "O homem é comparável a uma escada cuja base se fixa na terra, com a determinação de agir aqui de forma material, mas o ápice alcança os céus; é a cabeça humana que, com o poder da força da mente, eleva as simples coisas materiais às alturas celestiais".

Baal Schem recusa o caminho do ascetismo: "Existem dois tipos de médicos. Os que curam com remédios amargos; outros, porém, e esses são os melhores, com poções mais doces do que o mel". Ele próprio era francamente a favor dos remédios doces. Dizia: "Quando o corpo enfraquece, a alma também se debilita. Todas as vezes que nos alimentamos, estamos servindo a D-us" — dizia a seus discípulos — "porque nestes prazeres materiais podemos elevar-nos ao grau do prazer Divino; isto porque estando o corpo humano satisfeito e fortalecido, tem a possibilidade de usufruir a alegria Divina. Desta maneira a matéria converte-se num recipiente para a santidade, elevando-se a um grau elevado — e o corpóreo passa diretamente ao espiritualizado''.

Costumava declarar à sua geração, criada na amargurada atmosfera daquela época, que quando a melancolia se apossa do indivíduo, ele precisa suster-se de acordo com os costumes diários, comendo, bebendo e deixando que tudo corra normalmente. Fé e não Temor — ensinava — deve ser o lema de todos. Onde existe medo não há lugar para a alegria, e é no contentamento que alcançamos o verdadeiro respeito a D-us. Quem é convicto sincero e crê piamente na benevolência do Criador, consegue elevar-se e atingir a esfera da bondade. Porém, aqueles que sempre temem o castigo de D-us se associam à esfera da severa sentença e isto poderá levá-los ao mal.

Com zombaria, Baal Schem Tov falava sobre aqueles estudiosos para os quais o principal era somente o estudo decorado, sem a compreensão e sabedoria profundas, sem o conteúdo e o conhecimento éticos, no empenho da elevada concentração que enobrece a alma. Por esta razão, ele se comportava com certo respeito para com aqueles que, procurando D-us, às vezes se desviam, emaranhando-se por falsos caminhos. Quando os franquistas não encontraram, afinal, outra alternativa a não ser a conversão, ele comentou: "O Espírito Santo, desolado, diz que enquanto um membro está preso ao corpo, existe ainda esperança de que seja curado, mas se o amputarem, estará perdido para sempre — e cada israelita é um membro da Divindade".

Sua opinião sobre o mundo é puramente idealística. Substituindo a expressão — em primeiro lugar apareceu a palavra — Baal Schem Tov apresenta uma tese fundamental: no início é o pensamento, a idéia. O pensamento é o começo de tudo — a palavra é conseqüência do pensamento. O pensamento é o pai da palavra, por conseguinte, ela é sua dependente. O pensamento é a sabedoria e a palavra, o produto dela. O pensamento é denominado nada, porque é infinito como o nada. Porém, quando ele é incorporado à palavra, torna-se limitado — a mesma substância, as mesmas letras ɪ ɪas um modo inteiramente diverso de compreender.

Na palavra, só é necessária a pessoa. A palavra é o espírito do indivíduo e o idioma é o lápis do coração. "Lá nas alturas — diz Baal Schem Tov — é o mundo só dos pensamentos, o mundo só das idéias, sem fala, sem palavra." Se o pensamento existe é porque tudo que existe é pensamento. É desnecessário recordar que o Zohar expõe firmemente sua opinião, a qual bem mais tarde alcançou tão honroso lugar na filosofia idealística alemã: o ensino da plena igualdade entre o pensar e o estar, entre o ideal e o real. Torna-se imprescindível destacar a maneira mística como Baal Schem Tov encarava o mundo, cuja principal base não era só a simples oração, mas a devoção ardente, com a elevação da mente e do espírito.

É muito característico nos ensinamentos do Baal Schem Tov que o verdadeiro fundamento da vida seja a crença, a fé. "Tem como necessidade indicar que existem dois graus de crença: daquele que crê em D-us, por ter herdado esta convicção dos pais e daquele que chegou a ela pelo caminho da pesquisa. A diferença entre eles é a seguinte: o primeiro possui a qualidade de não ser persuadido facilmente através de argumentações, por seu forte apego à herança dos pais, mas pode ter o defeito de seguir os preceitos habituais cumprindo um dever, sem se aprofundar em compreendê-los. O segundo se distingue pela aptidão em ter chegado a crer em D-us, o Criador, estudando e pesquisando minuciosamente, por isto sua crença é firme, forte e repleta de amor. Mas este pode ter a falha de ser convencido com certos subterfúgios, que imponham dúvidas e abalem suas convicções. O mais alto grau de crença, porém, está naquele que tem as duas qualidades: apóia-se no que herdou dos pais e através da pesquisa de que sua fé é a melhor e a mais certa. É por esta razão que rezamos: 'Elokeinu Velokei Avoteinu, nosso D-us e D-us de nossos pais', isto é: 'Elokenu', o que alcançamos em nossa pesquisa e 'Velokei Avotenu', pela herança de nossos pais".

Não é sem razão que Baal Schem Tov cita sempre o exemplo da escada, comparando-a à pessoa, cuja base se encontra fixada na terra e a ponta chega aos céus. "A ponta é o *tzadik*, o orgulho e a coroa da humanidade. O destaque importante que o Justo ocupa no Zohar sobre a concepção do mundo é algo já bastante sabido. Ele é a pedra fundamental do Universo". "O Justo — diz Baal Schem Tov — assemelha-se a uma árvore plantada em terra fértil e para produzir melhores frutos absorve toda a fecundidade do solo; ele capta todas as faíscas que estão espalhadas pelo mundo, elevando-as ao Criador".

A impressão que Baal Schem Tov causou com seus conhecimentos da Torá sobre seus discípulos, estudiosos e rabis foi marcante, e foi assim que, repletos de arrebatado êxtase, se espalharam pelo mundo, narrando e revelando os seus ensinamentos.

Dr. Israel Zinberg

NASCIMENTO

Quando os tártaros invadiram a região de Volhi, onde morava o Grande Rabi Eliezer, este foi aprisionado e levado em cativeiro para um país longínquo, vendido como escravo a um importante Ministro, que muito simpatizou com ele, chegando a permitir que não trabalhasse aos sábados, e o nomeou administrador de seus bens. Certa vez, o Rabi teve intenção de fugir mas desistiu, pois lhe pareceu ouvir: "Não o faça, você ainda precisa permanecer neste país".

Passado algum tempo, o Ministro o presenteou, em retribuição a um favor especial, ao Conselheiro-Mor do Rei. A pureza espiritual do Rabi Eliezer era tão elevada, que logo conquistou a confiança do novo amo, a ponto de ser liberado de todo serviço brutal, passando a ser somente criado particular. Ele nunca deixou de fazer as orações e louvar a D-us em todas as horas vagas.

Em certa ocasião, inimigos invadiram o país e o Rei convocou de imediato o Conselheiro para estudar as medidas de defesa a serem tomadas. As soluções de proteção e estratégia não foram resolvidas, o que deixou o Rei furioso. Voltando a casa, amargurado e nervoso, o Rabi veio ao seu encontro, como de costume, com a bacia de água para lavar-lhe os pés, que o amo recusou. O Rabi perguntou qual a razão de tanta tristeza, e o Conselheiro contou o ocorrido, confessando não saber como resolver o problema. Humildemente, o Rabi pediu licença para tentar ajudá-lo, jejuou, fez sacrifícios, orou suplicando e do céu lhe veio o conselho. Descreveu então com minúcias o modo que deveria ser usado para alcançarem a vitória.

Voltando à presença do Rei e dos Sábios, o Conselheiro expôs o plano elaborado pelo Rabi, que deixou a todos boquiabertos pela genialidade da tática. Atribuíram tal proeza a efeitos mágicos e não a um ser comum. Mandaram chamar o Rabi para pedir-lhe mais conselhos e de fato, paulatina e cuidadosamente, os perigos foram sendo afastados pela sua inteligente orientação. O Rei venceu, tornando-se muito poderoso. Compreendeu que o Rabi Eliezer era um Homem Inspirado por D-us, conservou-o em seu palácio, reconhecendo-lhe o valor e dando-lhe muito carinho e atenção.

Com o correr do tempo, com sua sabedoria e inteligência, o Rabi elevou-se muito mais no conceito do monarca, que o elegeu Vice-Rei e lhe concedeu a filha do anterior vice como esposa. Porém, o Rabi nem sequer a tocou, embora esta o amasse profundamente. Quando ela resolveu indagar a origem daquela frieza, o Rabi tudo esclareceu, contando como havia sido raptado e vendido e pedindo que guardasse segredo, no que foi atendido. Comovida, ela resolveu ajudá-lo, dando-lhe grande soma em dinheiro e facilitando-lhe sigilosamente a fuga para que pudesse retornar à sua casa.

Durante a viagem, ele foi assaltado e despojado de todos os bens; mas não desanimou. Prosseguiu a jornada pobremente, passando dificuldades e afinal chegou a seu lar, onde se encontrava sua verdadeira esposa à espera.

Em sonho, o Profeta Elias lhe disse: ''Como você conseguiu vencer a tentação, sua esposa lhe dará um filho, que iluminará o mundo com sua sabedoria''.

E assim foi. Quando o Rabi estava perto dos cem anos, nasceu um menino, que chamaram Israel e que foi o Puro, o Elevado — Rabi Israel Ben-Eliezer, ''Baal Schem Tov'' (que Sua Graça nos proteja).

Ao sentir que a morte se aproximava, o Rabi Eliezer chamou Israel e lhe disse: ''Filho, como não tenho merecimento para continuar a criá-lo, certo estou que D-us Todo-Poderoso, estará sempre ao seu lado; portanto, seja corajoso e não tenha medo de nada''.

Após o passamento de seu pai, dentro de pouco tempo se seguiu o de sua mãe. Os moradores da cidade, comovidos, contrataram um *melamed* para instruir o menino órfão. Ele gostava muito de estudar, mas, durante alguns dias da semana, fugia para os campos e florestas, para ficar a sós. Então, deixaram de cuidar dele.

Passado algum tempo, Israel tornou-se bedel de uma Sinagoga e sua função principal era a de buscar e trazer as crianças para o Beit Ha-

-Midrasch, cujo trajeto era feito sempre cantando louvores a D-us. Na hora da reza, quando as crianças diziam amém ao "Y'he Sh'mei Rabô", suas vozes infantis iam diretamente ao Trono Divino, sobrepujando as orações dos adultos. E ao Todo-Poderoso a prece das crianças agradava mais do que os cânticos dos Levitas na época do Beit Ha--Mikdash.

Certa vez, quando seguiam cantando para a escola, apareceu repentinamente uma fera. Atacadas, as crianças fugiram em polvorosa. Os pais, assustados, não queriam mais permitir a caminhada com o Bedel à Casa de Estudos, receando novo ataque.

Mas Israel, relembrando as últimas palavras do pai, foi de casa em casa, persuadindo as crianças a retornarem aos estudos e dizendo-lhes que tivessem coragem pois "D-us estava com elas". Animados, os pais novamente confiaram os filhos e Israel, armado de um bastão, continuou a levar as crianças. Durante a caminhada, quando a fera surgiu, ele a enfrentou, bateu-lhe com força na cabeça e a matou. Assim levou e trouxe os pequenos, tornando-se afamado pelo seu bom coração e bravura.

Depois, aos treze anos, tornou-se Guarda do Templo, sendo obrigado a permanecer ali dia e noite. Por Ordem Divina, precisava manter em segredo sua devoção e suas reflexões elevadas. Por isto, passava as noites acordado, a orar e estudar, enquanto os estudiosos da Casa de Estudos dormiam. Durante o dia, cochilava quando eles estavam justamente aprendendo e estudando. Isto lhe valeu o apelido de "dorminhoco".

A REVELAÇÃO

Rabi Adam, homem muito pobre, porém bom e religioso, morava com sua esposa e filho em modesta casinha. Estavam sempre maltrapilhos, quase nus, mas aos sábados e dias festivos, apareciam bem vestidos, o que muito intrigava os moradores daquela cidade.

Nos fundos da casa havia uma caverna, onde Rabi Adam guardava as folhas soltas de um livro sagrado, que estudava com afinco, diariamente. Quando verificava que precisavam de novos trajes, concentrava--se naquelas orações especiais, pronunciando o Nome Total de D-us, e o desejo era prontamente atendido. Apesar de conseguir facilmente o que quisesse, preferiu continuar pobre, passar privações, pois não queria usufruir as delícias deste mundo.

Em sonho, consultou a quem deveria entregar os Manuscritos Sagrados, caso chegasse a hora de sua desencarnação. Foi-lhe ordenado que entregasse a Israel Ben-Eliezer, em Okup. Assim que pressentiu a aproximação da morte, chamou seu filho único e lhe disse: "Meus minutos de vida estão contados, em breve irei para o além. Deixo-lhe uns escritos raríssimos, mas embora você seja culto e piedoso, ainda não está à altura desses estudos. Peço-lhe pois que, para sua melhor orientação, procure na cidade de Okup, um homem chamado Israel Ben-Eliezer. A ele, você revelará a existência de tais folhas, que são a raiz de sua alma e, se ele o achar merecedor, as estudará com você".

Após o falecimento do pai, o rapaz seguiu as instruções e dirigiu-se para Okup. Ao chegar, foi direto à casa do Chefe do Conselho Comunal, que, curiosamente, indagou a finalidade de sua vinda.

Ele respondeu: — Vim procurar uma esposa, conforme me pediu meu pai, pouco antes de morrer.

Apresentaram-lhe muitas pretendentes e ele acabou casando com a filha de um abastado senhor. Após a cerimônia do casamento, começou a procurar sigilosamente a pessoa que seu pai havia dito chamar-se Israel, mas não conseguia encontrá-lo.

Entretanto, certa vez ouviu que chamavam Israel ao menino de catorze anos, Guarda do Templo. Ficou a observá-lo com certa curiosidade e bastante desconfiado. Com o prestígio de seu sogro, conseguiu alojamento no Templo e ficou em reclusão por algum tempo para poder aprofundar-se nos estudos. Conseguiu também que Israel o atendesse no que fosse necessário. Assim, bem próximo, observava silenciosamente a atitude de Israel a passar as noites estudando e rezando, certo de que o filho do Rabi Adam dormia profundamente.

Porém, chegou a ocasião em que Israel, extenuado, adormeceu. Então aproveitou e colocou sorrateiramente ao lado dele algumas folhas do livro sagrado. Israel, ao acordar, logo as viu e as escondeu, fascinado. Na noite seguinte repetiu a ação e notou que o menino, com as mãos trêmulas, novamente as ocultava, deslumbrado. Desta maneira, certificou-se de que achara a pessoa indicada pelo pai e contou a Israel, com pormenores, o que lhe tinha dito o Rabi Adam sobre os demais manuscritos sagrados. Insistiu em que lhe fosse permitido estudá-los ao mesmo tempo. Israel concordou, mas exigiu completo sigilo sobre o assunto e avisou que continuaria sua função de Guarda do Templo.

Começaram a estudar juntos e cada vez se tornavam mais amigos. O respeito da comunidade por Israel aumentou muito, ao perceberem a amizade que unia os dois. Para honrá-lo, arranjaram-lhe uma esposa, que faleceu logo após o casamento.

Nesse tempo, o sogro do filho do Rabi Adam mandou construir nos arredores da cidade um *heider* para o genro. Então, este e Israel passaram a estudar lá, muito profundamente, a Guemará, a Halacha e a Cabala.

Certa ocasião, o amigo pediu a Israel que invocasse a presença do anjo encarregado da Torá para que os esclarecesse em algumas partes difíceis, estudando com eles. Israel, porém, protelava sempre, persuadindo-o de que seria uma temeridade, pois, em vez do Anjo da Torá, talvez aparecesse outro. Mas, diante da insistência, Israel acabou cedendo. Jejuaram de sábado a sábado e na noite deste dia se purificaram, concentrando-se em fervorosas preces e invocando o nome de D-us. De repente, Israel emitiu gritos terríveis, rompendo num choro convulsivo. O filho do Rabi Adam, curioso, quis saber o motivo e Israel lhe disse que tinha havido um grave engano, pois não haviam chamado o Anjo da Torá, mas o Dono do Fogo, que já se aproximava e queimaria toda a cidade. Seguindo as instruções de Israel, o rapaz correu a avisar os moradores, a fim de que pudessem salvar seus haveres em tempo. Todos obedeceram e se refugiaram nos arredores. Logo estourou um incêndio infernal que queimou a cidade inteira. Daquela época em diante, o respeito e estima pelo filho do Rabi Adam aumentaram. Porém continuaram ignorando Israel.

Passado algum tempo, o amigo novamente tornou a insistir em que tentassem chamar o Anjo da Torá. Após muito relutar e demonstrar receio, pois poderiam incorrer noutro erro, Israel acabou por se submeter às súplicas. Jejuaram de sábado a sábado, purificaram-se, fizeram orações seguindo o mesmo ritual anterior... mas também desta vez houve uma perigosa falha: veio o Anjo da Morte. Israel explicou: "Por termos invocado este anjo, foi decretado que estamos condenados a morrer; mas há uma condição que nos possibilita o salvamento, isto é, precisamos ficar em vigília, acordados a noite toda, lendo e rezando". Esforçaram-se ao máximo para obedecer às instruções, porém quando já estava quase amanhecendo, o filho do Rabi Adam não pôde dominar o sono e morreu em seguida. Israel, muito assustado, saiu correndo pelas ruas, gritando por socorro, dizendo que o amigo havia desmaiado. Mas, quando chegaram ao local, ele já estava sem vida.

Depois deste triste acontecimento, Israel mudou-se de Okup para uma pequena cidade, perto de Brod, tornando-se *melamed*. Em pouco tempo, todos sentiram sua elevada espiritualidade, procurando-o para solucionar qualquer problema de discórdia ou algum assunto da coletividade. Sempre julgava com acerto e nunca alguém ficou contrariado; até os perdedores da questão saíam esclarecidos e concordavam plenamente com a sentença.

SEGUNDAS NÚPCIAS

Naquele tempo o Rabi Guerschon de Kitov vivia em Brod por ser o Conselheiro Comunal da Coletividade. Seu pai, Rabi Efraim, precisou ir à cidade próxima (onde morava Israel) para resolver certa questão com um morador de lá. Este propôs que procurassem o professor Israel, famoso por sua sabedoria e perspicácia, a fim de solucionar a demanda. Caso o resultado não fosse satisfatório, se dirigiriam a outra pessoa em Brod.

Quando entraram na casa de Israel, este, com sua visão espiritual, previu que a filha do Rabi Efraim seria sua futura esposa. Tratou-os com afabilidade, conversou amavelmente, demonstrando sua vasta cultura, citando, entre outros, alguns trechos mais profundos de Maimônides (Ram-Bam), causando excelente impressão. Mais cresceu o entusiasmo do Rabi Efraim quando, ao expor a questão, verificou que a solução era sábia e justa para ambas as partes.

Ao ter conhecimento da viuvez de Israel, resolveu oferecer-lhe a filha divorciada, em casamento. Israel concordou, exigindo porém que guardasse segredo, explicando que muitos ricaços, dos quais havia recebido favores, o queriam como genro e não tencionava melindrá-los. Outra condição imposta foi de que, no *tnoim* constasse apenas seu nome, Israel Ben-Eliezer, sem os títulos de erudição, isto é, de *lamden* e de *daian,* sendo também omitido o nome de sua cidade natal. Assim fizeram.

Quando retornava para Brod, o Rabi Efraim adoeceu em meio da viagem, e veio a falecer repentinamente. Seu filho, Rabi Guerschon, prestou-lhe as tradicionais honras póstumas. Passado algum tempo, ao folhear os documentos e anotações de seu pai, encontrou entre eles o contrato de casamento com o nome simples: Israel Ben-Eliezer. Estranhou a atitude do pai em prometer a filha a um desconhecido, sem origem familiar e sem nenhum título, talvez mesmo a um ignorante.

Mostrou o documento à irmã e fez comentários, aos quais ela respondeu: ''Quando Israel aparecer, eu me casarei com ele, pois esta era a vontade de nosso pai e ele com certeza sabia o que estava fazendo''.

Findo o ano letivo, Israel despediu-se de todos e foi para Brod. Ao chegar, vestiu um curto casaco de couro cru, um largo *gartel* e se dirigiu à casa do Rabi Guerschon, encontrando-o em meio a uma *michpat.* Ao vê-lo em pé, na porta, o Rabi pensou ser um pedinte, tirou uma moeda e quando ia entregá-la, Israel disse: —Preciso falar-lhe a sós.

Quando entraram noutra sala, mostrou o contrato e disse bruscamente que tinha vindo para casar com sua irmã.

O Rabi, muito assustado com aquela escolha, chamou a irmã para mostrar-lhe o eleito, com esperança de que esta, decepcionada, não o aceitasse. Surpreso, ouviu-a afirmar novamente que obedeceria à vontade do pai, que Israel ali presente seria seu marido e marcou a data do casamento.

No dia das bodas, antes da cerimônia, Israel chamou sua futura esposa de lado e lhe explicou que era um homem inspirado por D-us, ligado à Cabala e sob juramento pediu absoluto sigilo, prevenindo-a também que sofreriam grandes provações e pressões.

Dias depois do casamento, o Rabino tentou ensinar ao novo parente alguns conhecimentos da Torá. Procurou transmiti-los de modo bem fácil, mas logo desistiu, ao perceber que seus esforços eram inúteis. Chegou a dizer à irmã que sentia vergonha por ter um cunhado ignorante. Propôs-lhe que se divorciasse, porém diante da negativa, comprou uma carroça e um cavalo e os deu de presente ao cunhado, para que se mudasse com a mulher da cidade, pois não suportava tanto vexame.

Eles se instalaram numa cidadezinha próxima dos Cárpatos, cercada pelos montes, onde a esposa fixou residência. Israel, porém, construiu uma cabana no vale, entre as montanhas, nos arredores da cidade e lá passava dias e noites estudando; parava somente para escavar argila com que enchia a carroça trazida pela esposa. Com este material, ela voltava a fim de o vender nas cidades vizinhas. Deste produto viviam pobremente.

Neste retiro, Israel se esquecia às vezes de comer. Ficava sempre meditando, estudando, orando e jejuando dias seguidos. Nos intervalos, quando tinha fome, colocava a farinha e água numa pequena cova de pedra, sovava a massa e assava-a ao sol.

OS ASSALTANTES

A cabana de Israel ficava situada entre altas montanhas com encostas verticais como paredes, e vales profundos. O lugar era cheio de cavernas estratégicas, onde perigosos salteadores húngaros costumavam refugiar-se.

Em suas meditações, Israel saía a caminhar distraidamente e tão enlevado ficava, que certa vez não percebeu ter já chegado ao cume de uma serra íngreme e escorregadia; se desse mais um passo, cairia no precipício. Defronte, numa outra montanha, os assaltantes o observavam à espera de que se precipitasse no abismo. Mas ficaram estarrecidos, ao ver que no momento culminante a montanha vizinha se aproximou para dar passagem a Israel e depois voltou à posição anterior.

Compreenderam que se tratava de um homem de espírito elevado; acercaram-se, pedindo que orasse por eles, para que fossem sempre bem sucedidos nos empreendimentos. Israel disse: "Vou abençoá-los, mas quero a promessa de que nunca farão mal algum aos judeus (estes, naquela época, eram perseguidos e assaltados) e a outras pessoas inocentes". Eles juraram que assim agiriam. Desde então, qualquer desavença entre eles era apaziguada por Israel.

Em certa ocasião, dois deles o procuraram devido a uma altercação, mas, como um não ficasse satisfeito com a sentença, resolveu matar Israel. Sorrateiramente, penetrou no quarto, escondendo-se, e quando aquele adormeceu, empunhou o machado e ao tentar lançá-lo, sentiu que algo invisível lhe segurava fortemente a mão, derrubando-o com muita força. Seu corpo ficou muito machucado, com ferimentos graves. Israel acordou, no meio da noite, e ao ver ao seu lado aquele homem todo ensangüentado, perguntou-lhe quem o atacara. O bandido estava tão fraco que não conseguiu sequer balbuciar palavra. Israel deixou-o assim deitado até o amanhecer e só então o assaltante, um pouco recuperado da tremenda surra, confessou tudo.

ABSOLVIÇÃO DE UMA ALMA

Os assaltantes procuravam sempre ajudar Israel e quando descobriram que ele pretendia ir a Eretz Israel, ofereceram-se para conduzi-lo até lá. Havia um caminho curto pelo desfiladeiro, através de grutas e cavernas sob as montanhas, já bastante explorado por eles. Israel aceitou o convite.

Caminharam longo tempo até chegar a um pantanal, quase impossível de transpor; colocaram uma tábua comprida, bem encostada na margem menos perigosa e os salteadores foram passando, um a um; no instante preciso em que Israel ergueu o pé para acompanhá-los, a tábua virou e ele viu uma espada flamejante a rodopiar; resolveu retornar, acatando como aviso dos Céus que seria perigoso continuar.

Na volta, desorientou-se e depois de andar três dias e três noites sem rumo, chegou a um lago lamacento, onde deparou com um enorme sapo, tão descomunal e disforme, que a princípio não atinou que bicho era aquele. Israel, então, perguntou: — Quem é você?

Ele respondeu: — Há quinhentos anos, um erudito reencarnou em mim.

Israel começou a conversar com o espírito, querendo saber por que o Grande Cabalista, o Rabi Isaac Lúria, que fazia preces para elevar as almas, não o havia feito com a dele.

— Devido aos grandes pecados que cometi, fui afastado para longe das pessoas.

— Qual o motivo; que fez você?

— Meu primeiro pecado foi deixar de lavar as mãos antes das refeições. Quando o Demo intercedeu a meu favor sobre esta falta, foi dito que ela seria somada às outras e em caso de arrependimento, se não incorresse noutros pecados, seria perdoado. Entretanto, aos poucos fui sendo induzido por maus espíritos a pecar cada vez mais, chegando a transgredir todas as leis da Torá. E, para completar, a fim de que eu não percebesse nem me arrependesse, transformaram-me num beberrão. Como a principal causa dos outros pecados foi o primeiro, isto é, de não ter lavado as mãos, fui, depois de minha morte, condenado a reencarnar num sapo. Assim vivi na água, neste lamaçal, longe de qualquer povoação, porque se acaso passasse por perto um judeu e fizesse uma oração ou mesmo tivesse o pensamento elevado a D-us, talvez eu conseguisse a libertação de minha alma.

Ao ouvir aquela triste história, Israel rezou fervorosamente, pedindo a D-us que absolvesse aquele espírito sofredor.

O sapo morreu e a alma elevou-se, completamente livre e feliz.

DESENTENDIMENTOS COM O CUNHADO

Após sete anos de afastamento, Israel e sua esposa resolveram voltar a Brod e foram diretamente à casa do Rabi Guerschon. Ao vê-los, este logo inquiriu da irmã sobre o que haviam feito e por onde tinham andado. Com evasivas, ela respondeu que tinham vagado por diversos lugares e sofrido muitas privações. Penalizado, o Rabi procurou e conseguiu para o casal uma moradia não distante da sua e contratou Israel para ajudá-lo nos serviços pesados.

Certa vez, precisou ir à aldeia próxima e levou Israel como cocheiro. Durante a viagem, o Rabi adormeceu e Israel, enlevado em profundas meditações, não percebeu que os cavalos se haviam desviado da estrada e a carruagem atolou no lamaçal. O Rabi Guerschon acordou com o solavanco e resolveu ir pessoalmente buscar ajuda, pois temia que, se mandasse o cunhado, talvez ele não voltasse. Entretanto, quando voltava com o auxílio, viu, atônito, Israel já na estrada com a carruagem, vindo ao seu encontro. Admirado, perguntou: — Quem o ajudou a tirá-la de lá?

— Dei uma forte chicotada nos cavalos que se esforçaram e saíram — foi a resposta.

O Rabi, desanimado, dispensou o cunhado dizendo ser ele um inútil que para nada servia.

Para afastar o casal, alugou uma estalagem nas proximidades de Brod, a fim de que conseguissem ali o necessário para seu sustento. Israel ficou muito feliz com esta resolução e construiu, não muito longe da estância, num lugar ermo da floresta, um quarto onde passava os dias e as noites em profunda meditação e em estudos elevados, aperfeiçoando-se e orando fervorosamente; só voltava nas vésperas de sábado, quando mergulhava na piscina, ritualizando o banho de purificação e vestia roupas brancas e limpas. Sua esposa cuidava da estalagem, os negócios iam bem e os pobres eram acolhidos com dedicação e carinho.

No mês de Elul Israel costumava ir para a cidade, onde passava todos os dias festivos, Rosch Haschaná, Yom Kipur e Sucot.

Israel e o cunhado rezavam na mesma sinagoga. Israel costumava sentar-se num dos lugares reservados aos grandes eruditos ou ricaços, o que muito irritava o Rabi Guerschon, que não se conformava com o que considerava tanta ousadia. Chegou ao auge de tachar Israel de louco.

Em meados de Sucot, o cunhado observou que Israel rezava sem os *tefilin* e, quando lhe perguntou a razão, a resposta foi que teria lido num livro especial para mulheres que quem usa os filatérios nesses dias está condenado a morrer em breve. O Rabi Guerschon resolveu levá-lo à casa do Rabino-Mor de Kitov, a fim de que este o repreendesse por seus modos de agir à vontade, sem nenhuma noção dos preceitos.

Ao entrarem na residência, o Rabi Guerschon beijou a *mezuzá* e notou que seu cunhado só havia encostado a mão, sem a beijar. Também citou este fato entre as queixas, implorando ao Rabino-Mor que o auxiliasse, aconselhando-o e esclarecendo-o.

Quando foi chamado à presença do Rabino-Mor, em seu gabinete particular, Israel demonstrou um pouco dos seus elevados conhecimentos, deixando-o abismado. Mais intrigado ainda ficou ao perceber, de repente, uma intensa luminosidade sobre a cabeça de Israel. Compreendeu tratar-se de um ser elevado, de um homem inspirado por D-us. Embora continuassem as queixas, o Rabino-Mor nada respondia, sem saber o que dizer. Mas um dia criou coragem, mandou chamar Israel e a sós, num compartimento ao lado, insistiu, perguntando com energia: — Exijo que me conte a verdade a seu respeito.

Entre o medo e respeito diante do Venerável Rabino, Israel esclareceu tudo sobre sua missão especial, mas humildemente pediu que guardasse absoluto segredo.

Quando viu de novo o Rabi Guerschon, o Rabino-Mor lhe disse que já havia chamado a atenção de Israel pelos seus erros, mas que o aconselhava a deixar o cunhado em paz. Que deixasse Israel fazer o que desejava, porque, apesar de sua ignorância, ele nunca se desviaria do caminho do bem.

Mais tranqüilo ao ouvir estes conselhos, o Rabi Guerschon se despediu e o Rabino-Mor o acompanhou até a porta. Quando ele já se tinha distanciado bastante, resolveu examinar a *mezuzá* que não havia sido beijada por Israel e verificou que, de fato, ela estava com falhas.

OUTROS ATRITOS COM O RABI GUERSCHON

Certa vez, ao atravessar a rua, o Rabi Guerschon cruzou com o cunhado e perguntou-lhe que livro era aquele que trazia oculto embaixo do braço. Sem ao menos esperar resposta, arrancou-o de sopetão e verificou ser o Zohar e muito enraivecido ficou ao ver que um "ignorante" tinha pretensões de ler tão elevada obra.

Em Brod havia uma afamada senhora possuída por um espírito, que dava consultas às pessoas que a procurassem e as chamava pelo nome próprio, sem nunca as ter visto.

O Rabi Guerschon pediu ao Rabino de Kitov que levasse o cunhado para vê-la, na esperança de que ele melhorasse. Apesar de saber o segredo, o Rabi atendeu ao pedido e foi com Israel, que ia pobremente vestido. Ambos ficaram no fim da fila. Assim que os viu, ela fixou o olhar nos dois, exclamando: — Bem-vindo, ó puro Rabi de Kitov! Bem-vindo, Israel! Pensa que o temo? Digo que não, pois sei que o altíssimo ordenou que antes dos trinta e seis anos você não poderá dedicar-se às coisas divinas e milagrosas.

Todos os presentes, atônitos, entreolhavam-se sem nada entender e pediam esclarecimentos, mas ela repetia sempre as mesmas palavras. Percebendo que o povo começava a desconfiar de algo, Israel se aproximou e gritou: — Se você insistir em continuar falando, farei com que o livrem e expulsem desse corpo.
Então ela se calou. Todos cercaram Israel, perguntando o significado daquelas palavras mas ele os afastou amavelmente sem nada dizer, embora temesse que continuassem insistindo em inquirir de novo a mulher. Pediu mentalmente ao espírito que abandonasse aquele corpo, sem fazer a pessoa sofrer, pois ele o ajudaria com orações para que fosse absolvido. Atendendo ao apelo, o espírito revelou sua identidade, agradeceu a ajuda e retirou-se. Após o ocorrido, a senhora voltou ao normal e ficou completamente curada. Com o que acontecera, melhorou o conceito de Israel perante o cunhado. Mas ainda ele e outros o consideravam um ignorante.

RECUPERAÇÃO DE UM ROUBO

Certa vez, roubaram um cavalo que pertencia a Israel. Seu cunhado lhe disse que era castigo divino por seu mau procedimento em não querer estudar a Torá. Distraidamente, Israel retrucou: — Não se preocupe, esse cavalo me será devolvido aqui em casa.
Com ironia o Rabi Guerschon replicou: — Pois então fica esperando...
Os meses se passaram e todas as vezes em que se encontravam, o cunhado indagava com sarcasmo: — Como é? Já lhe restituíram o cavalo?
Israel não respondia.
Entretanto, quando já havia passado um ano, um camponês bateu na janela da casa de Israel pedindo que lhe arrumasse fogo para acender o cachimbo.
Ao sair para fazê-lo, viu o seu cavalo a pastar por ali. O homem havia desaparecido.

PÁSCOA

Sem meios para comprar *matza* Israel atrelou o cavalo à carroça e foi trabalhar de aldeia em aldeia como *schohet* recebendo em troca a farinha necessária. Quando já voltava, desabou forte temporal que molhou toda a farinha, tornando-a impura.

Pacientemente, ele se dirigiu a outras aldeias para fazer o mesmo e de novo conseguiu a farinha. No caminho de volta, precisava transpor uma montanha, mas o cavalo, exausto, não conseguia subir com a carga; devagar, Israel o ajudou a empurrar, mas, quando chegaram ao cume, o cavalo morreu.

Israel o desatrelou e continuou a arrastar a carroça sozinho, pois não podia afastar-se para procurar auxílio, visto que pela lei judaica a farinha não pode ficar sem que alguém a vigie. Puxou o quanto pôde, mas as forças o abandonaram e o forçaram a parar. Caiu sentado, e começou a chorar diante de D-us. Em seguida, adormeceu. Em sonho lhe apareceu o Profeta Elias que falou: "Vimos o seu desespero e as suas lágrimas, vamos mandar alguém ajudá-lo a transportar a farinha. De hoje em diante, você não terá dificuldades e deixará de ser pobre".

Ao despertar, viu um camponês vindo em sua direção, que lhe disse: — Amarre sua carroça à minha e o levarei para casa.

Israel deu uma moeda ao bom homem que também o ajudou a tirar a pele do cavalo morto, que foi vendida por quatro moedas de ouro.

Chegando à sua casa, encontrou alguns caçadores oferecendo à sua esposa uma pele de marta e deu permissão para que a comprasse. Esclareceu ser possível negociá-la, por ser de animal não domesticado. Comprou-a então por quatro moedas de ouro e a revendeu com lucro. Assim, puderam abastecer a casa e comprar roupas novas para a Páscoa.

O proprietário da estalagem, ao ver a elegância do casal, estranhou e ficou imaginando de onde havia saído o dinheiro. Maldosamente, supôs que deveriam estar fabricando e vendendo aguardente de maneira clandestina.

Sem querer certificar-se, foi correndo contar ao Rabi Guerschon, advertindo-o de que, se Israel não confessasse, relatando a verdade, ele iria queixar-se ao governador da aldeia e este mandaria castigar seu cunhado por tão terrível transgressão.

Imediatamente, o Rabi mandou chamar Israel, pedindo-lhe esclarecimentos sobre a origem daquele dinheiro e das roupas.

Com muita calma e paciência, ele respondeu: — D-us me deu.

O Rabi perguntou: — Por que D-us não dá a mim?

Israel respondeu: — Porque a mim ELE quer dar e a você não.

Furioso, o Rabi Guerschon replicou: — Espere até o governador ordenar que você seja chicoteado por essa grave infração.

Tranqüilo, Israel afirmou: — Nada temo.

No dia seguinte, quando o proprietário da estalagem que o difamava se dirigia à cidade, resolvido a prosseguir com sua calúnia, sentiu-se mal no caminho e veio a falecer repentinamente.

ISRAEL E O RABI DE KLAIBER

O Rabi de Klaiber viajava pelas aldeias e cidades, angariando dinheiro de Hanucá, mas se desnorteou e foi parar na estalagem onde residiam Israel e sua esposa.

Ao vê-la atendendo aos hóspedes, perguntou pelo marido e ela explicou que ele estava dando água ao gado, mas na verdade Israel se encontrava, como sempre, recluso em seu quarto, a meditar, estudar e rezar.

O Rabi David inquiriu se havia algo para comer.

Ela explicou: — Há um frango morto pelo meu marido, o senhor poderá verificar a navalha que ele usa e se a ave abatida está pura. Se o senhor aprovar, eu a cozinharei.

Após ter examinado ambas as coisas, ele concordou.

Sorrateiramente, ela saiu e foi avisar o marido sobre o novo visitante. De imediato, Israel veio para a casa, fingindo que retornava do trabalho. Ele próprio serviu o Rabi David, arrumou a cama e levou-lhe água, numa bacia, para lavar as mãos.

Como era seu costume, Israel dormia só duas horas e depois se recolhia a um canto, acomodando-se sob a lareira para rezar. Pela madrugada, o Rabi David acordou e ao olhar para o lado da lareira viu uma intensa luminosidade, um grande clarão e começou a gritar, pensando que a casa estivesse pegando fogo.

A esposa de Israel, aflita, pediu: — Por favor, pegue um balde com água e procure apagar o fogo, porque até eu me vestir ele poderá expandir-se.

Quando correu para o local, o Rabi David surpreendeu Israel ali sentado em profunda meditação. Uma grande claridade o cobria totalmente. Tão assustado ficou que sofreu um desmaio, o que obrigou Israel a interromper sua meditação e recorrer ao seu poder espiritual para socorrê-lo e reanimá-lo.

Quando acordou, ao amanhecer, o Rabi David pediu: — Por favor, explique-me o significado daquela maravilhosa luz sobre a sua cabeça.

Israel, amável e humilde, respondeu: — Com certeza rezei Tehilim com fervor muito intenso e assim me confessei perante D-us.

Porém, o Rabi não se convenceu e usou sua autoridade espiritual superior, continuando a insistir, até que Israel não teve outra alternativa senão contar-lhe toda a verdade, pedir sigilo e firmar um pacto amigável.

Desde então, o Rabi David se habituou a voltar ali com freqüência. Ambos estudavam e interpretavam a Torá e ele percebeu que cada vez a compreendia mais profundamente. Quando, por ocasião de suas prédicas, citava algo referente ao que havia captado e aprendido, esclarecia que tinha ouvido contar aquilo por um "pobre coitado".

Certa vez, ao presenciar o cunhado criticando Israel, perdeu a calma e replicou: — Deixe-o em paz, acho que ele é mais inteligente do que o senhor.

Então se lembrou do pacto e não quebrou a promessa.

A REVELAÇÃO

Um dos alunos do Rabi Guerschon se dirigia a Brod numa terça-feira para encontrar-se com seu mestre, mas por vontade divina a sua carruagem se desviou da estrada, indo parar na estalagem de Israel.

Depois do almoço, o hóspede pediu que atrelassem os cavalos à carruagem, pois pretendia sair logo. Israel tomou as providências necessárias e na despedida falou:

— Que tal passar o sábado conosco?

O jovem, sorrindo, retrucou: — Ainda estamos na terça e com certeza até sábado já estarei em Brod.

Entretanto, ainda não havia percorrido meia milha, o eixo da roda quebrou, e, como o conserto demoraria, precisou voltar e pernoitar.

Na manhã seguinte, quarta-feira, partiu novamente mas aconteceu o mesmo com outra roda, sendo forçado a voltar. Assim, foram surgindo imprevistos na quinta e na sexta; diante de tantos obstáculos, não teve outra alternativa senão ficar. Mas não escondia seu grande aborrecimento com o ocorrido e ainda mais por ter de passar o Schabat em casa de um estalajadeiro ignorante.

Surpreso ficou ao ver que a esposa de Israel estava assando as tradicionais doze roscas, especiais para acolher o Schabat e indagou a razão daquela quantidade. Ela explicou que, apesar de seu marido não ser instruído, era uma pessoa muito *kascher* e fazia questão que ela seguisse a tradição do que havia visto e aprendido em casa de seu irmão.

— E uma *mikvá* também há aqui? — continuou a perguntar.

— Sim, porque meu esposo, embora seja homem muito simples, tem por hábito usá-la diariamente.

Esta conversa deixou o rapaz bastante confuso e, apesar de achar tudo muito estranho, resolveu ficar calado. Ao entardecer, já no início do sábado, perguntou a ela pelo marido e a resposta foi que estaria no campo, dando água ao gado.

O rapaz então rezou a Min-há, fez a prece de entrada do sábado, pronunciou Maariv e nada de Israel aparecer.

Quando as estrelas já estavam no firmamento, Israel surgiu, vestido com roupas grosseiras, saudando com voz acaboclada: — Bom sábado!

Ao ver o jovem, comentou: — Eu disse que você passaria o sábado conosco.

Sentaram-se à mesa, honrou o visitante com o Kidusch e jantaram, como verdadeiros campônios. Embora Israel e sua esposa estivessem muito alegres e felizes, o hóspede continuava aborrecido por estar ali, naquela noite.

Então Israel lhe disse: — Recite um pouco, algo da Torá, por favor.

Não querendo ser indelicado, ele acedeu, esclarecendo: — A parte desta semana é *Schemot* e narrou ao casal a história da saída do Egito. Os dois prestaram tanta atenção como se nunca tivessem ouvido falar nela.

Cederam ao jovem o melhor quarto e Israel, como sempre, se acomodou sob a lareira. Mais ou menos à meia-noite, o rapaz despertou e uma deslumbrante luminosidade ao lado da lareira lhe ofuscou a vista. Julgando que gravetos e lenha ainda estavam acesos e poderiam soltar uma forte labareda, incendiando a casa, levantou-se para verificar, porém, quando se aproximou, saltou para trás, desmaiando. É que Israel estava tão absorto em profunda meditação que sobre sua cabeça pairava uma luz intensa. Logo acudiu ao jovem, dizendo-lhe: — Nas próximas vezes, não olhe para onde não deve.

Pela manhã, Israel se encaminhou para o refúgio, onde rezou com fervor e profunda devoção; ao voltar para casa, muito alegre, pronunciou a prece do almoço sabático, convidando o visitante a acomodar-se à mesa e pedindo-lhe que comentasse algo sobre a Torá. Mas o jovem ficava cada vez mais embaraçado, porque, sobre qualquer assunto que começasse a interpretar, Israel mostrava outro modo mais fácil de analisar e de discorrer.

Terminada a refeição, Israel voltou para seu retiro a fim de meditar e orar. Durante a Min-há contou ao jovem inúmeros segredos contidos na Torá, dos quais nunca alguém tinha ouvido falar.

Depois de Maariv, Israel fez a Havdalá, dizendo ao hóspede: — Exijo que ao chegar a Brod fale, não com o Rabi Guerschon, mas com o Rabino-Mor e também aos seus colegas, que existe entre vocês um homem iluminado; é mais do que justo e lógico que o convidem a morar na cidade.

Emocionado, o rapaz partiu logo e transmitiu a todos a mensagem. O Rabino-Mor e os discípulos, ao ouvirem o relato, logo imaginaram que devia ser Israel, pelos fatos extraordinários de que já haviam tido notícia. Porém, havia certa dúvida, pois ele não tinha a aparência de homem culto. Imediatamente se reuniram e combinaram ir à estalagem fazer um convite especial para que Israel os honrasse vindo residir entre eles.

Porém, Israel, com seu elevado dom, previu a resolução dos dirigentes da comunidade e veio ao encontro deles na floresta; respeitosamente, todos desceram de suas carruagens, apanharam galhos e ramos, improvisaram uma *hipa* e sob ela o aclamaram Rabi. Com profunda emoção, Israel fez a prédica com orações extraídas das palavras sagradas da Torá e dessa hora em diante passou a ser chamado pelo nome de:

RABI ISRAEL BEN-ELIEZER — O "BAAL SCHEM TOV"

Todos os efeitos maravilhosos eram conseqüência dos estudos profundos nas Folhas do Livro Sagrado, que, das mãos do Rabi Adam foram encaminhadas por seu filho ao Rabi Israel Ben-Eliezer. Depois de as decorar, para evitar que caíssem em mãos impiedosas, ele escolheu um lugar ermo, onde ordenou a uma pedra que se abrisse. Ali as guardou, pronunciando de novo as palavras cabalísticas, lacrou-as definitivamente.

O Grande Rabino de Polnói declarou saber o esconderijo e o teor valioso das Folhas, mas como Baal Schem Tov, seu mestre, é que as escondera sigilosamente, respeitava tal proibição e não pretendia declarar o local a ninguém. Esclareceu ainda que tais Folhas do Livro Sagrado apareceram por cinco vezes:

    a primeira para nosso Pai Abraão
    a segunda para Josué (sucessor de Moisés)

a terceira para o Rabi Adam
a quarta para Baal Schem Tov
a quinta... ele ignora...

FATOS DO INÍCIO DA REVELAÇÃO

A notícia da revelação se propagou rapidamente e Baal Schem Tov, tornando-se conhecido, foi convidado por um estalajadeiro residente numa cidade vizinha, para ser mestre de seus filhos. Entretanto, o interessado esclareceu que, apesar de haver uma sala especial para o *heider,* esta era impura, pois a ocupavam espíritos malignos.

Apesar disto, Baal Schem Tov aceitou o encargo, dizendo não se importar e que preferiria dormir no local.

Ao chegar, providenciou imediatamente a limpeza completa e, com elevadas preces, conseguiu purificar o ambiente. Depois deu suas aulas com grande tranqüilidade, sem ser molestado, mesmo à noite.

Os espíritos do mal, amedrontados, refugiaram-se no sótão e nem se atreviam a voltar, mas por diversas vezes suas caçoadas e gracejos eram ouvidos sem que prejudicassem ninguém.

Quando, raramente, eles se excediam, fazendo algazarra, o Justo gritava com energia e os fazia silenciar.

A CHUVA

No lugarejo em cuja escola Baal Schem Tov morava e lecionava, havia muito que não chovia e as plantações, dia a dia, iam ficando queimadas e secas, sem que se encontrasse um modo de as reanimar.

Diante da catástrofe iminente, os colonos, desesperados, foram procurar os sacerdotes para pedir-lhes auxílio. Estes mandaram colocar ídolos nos arredores, implorando para que chovesse. Porém, alguns dias se passaram e nada aconteceu.

Então, o Rabi Israel ordenou que se procurassem os israelitas vizinhos, para completar o *minian* e, uma vez reunidos, fizeram orações fervorosas, guardaram jejum. O próprio Baal Schem Tov orientava as preces, rogando a D-us para que a chuva viesse.

Os campônios acharam estranha aquela reunião que, acrescida de lamentos angustiantes e choro convulsivo, nunca tinham visto. Quando perguntaram a razão de tudo aquilo, foram esclarecidos com a informação de que o professor estava tentando, através de ardentes orações, obter do Todo-Poderoso que os ajudasse mandando chover logo. Incrédulos, caçoaram e riram, expondo suas dúvidas: pois se os sacerdotes nada haviam conseguido, como um "simples" professor o conseguiria?

Entretanto, nesse mesmo dia ao entardecer, o céu ficou coberto de nuvens escuras e caiu um forte aguaceiro, que irrigou todos os campos. Salvaram-se todas as plantações, fato maravilhoso que não só causou espanto, mas grande alegria.

NOVA MUDANÇA

Tempos depois, Baal Schem Tov fixou residência na cidade de Tlust, onde lutou com dificuldade, continuando a lecionar para ganhar seu sustento e passando necessidades.

Mas, mesmo no inverno mais rigoroso, ia diariamente à *mikvá* tomar o banho de purificação. Durante a reza, apesar do frio intenso, seu êxtase era tão profundo que o suor lhe escorria em grandes gotas como grãos de ervilha.

Muitas vezes lhe traziam doentes para que os curasse, mas ele se recusava, mesmo quando se tratava de pessoas possessas. Porém, uma noite ouviu a ordem: "Os trinta e seis anos de sigilo já escoaram".

Pela manhã, Baal Schem Tov analisou os fatos, encarou a verdade e começou a fazer caridade. Aceitou os loucos, os doentes, conseguindo curá-los com o fervor de suas preces e a ajuda de remédios extraídos das ervas.

Sua fama começou a propagar-se rapidamente. Deixou de lecionar para se dedicar apenas aos que o procuravam para pedir ajuda. Precisou arranjar um escriba que lhe fizesse os talismãs e camafeus; de todas as partes do mundo vinham pessoas atraídas por seus feitos extraordinários.

A CURA

Antes da revelação, Baal Schem Tov costumava viver, como já foi dito anteriormente, numa cabana, próxima de florestas e cavernas, onde ninguém o incomodasse, para poder orar e meditar, com um único pensamento: D-us.

Quando mais tarde foi revelado, sua missão especial era orientar adeptos do hassidismo (movimento do qual foi fundador) e, com a notícia de seus feitos, milhares de pessoas afluíam até onde ele se encontrava. Esperavam-no à porta para vê-lo e pedir que as abençoasse. Além de Baal Schem Tov era também conhecido pela sigla: BESCHT. Ele ensinava que:

a) todos — letrados como ignorantes — são iguais perante D-us;
b) a pureza do coração é superior ao estudo;
c) a devoção das orações deve ser estimulada. Elas devem caracterizar-se pelo êxtase e pela alegria, que têm o poder de aproximar de D-us o coração do homem;

d) o princípio básico da conduta diária é o amor a Israel — Humanidade.

Em Heltch vivia um abastado senhor cuja filha enlouquecera e o pai estava muito apreensivo, porque o diagnóstico dos mais famosos médicos havia sido péssimo. Nem sequer haviam dado a mais remota esperança de cura. Alguns amigos íntimos o aconselharam a procurar a ajuda do Rabi Israel.

Ali chegando, ficou pacientemente à espera de ser atendido, mas só ao entardecer Baal Schem Tov abriu a porta. Vinha bem vestido, com uma maleta na mão, como se estivesse pronto para empreender uma viagem. Dirigiu-se ao ricaço e disse: — Venha, é o senhor que eu estava esperando; vamos à cidade de Halitch.

Subiram na carruagem e seguiram para aquela cidade, porém pernoitaram na cidade de Pisten. Depois da meia-noite, foram acordados, de súbito, por um grande alarido, um vozerio de judeus a chamar outros. Dirigiam-se à sinagoga para rezar e pedir ao Todo-Poderoso misericórdia e piedade, para que fosse anulada a dura sentença do governador da cidade. Este, desesperado com a doença da filha que médico algum conseguia curar, a conselho dos sacerdotes havia imposto aos judeus a ordem de ir ao Templo. Deviam implorar ao seu D-us pela saúde dela e, em caso de insucesso, todos seriam punidos com chicotadas, e expulsos.

Ao se inteirar dos fatos, Baal Schem Tov mandou dizer ao governador que os judeus haviam mandado buscar um sábio, que assumia a responsabilidade de salvar sua filha.

O pai, ansioso, ordenou que se apresentasse imediatamente ao palácio, mas o Rabi Israel pediu que antes fossem retirados todos os objetos impuros do quarto. Mandou que deitassem a doente do lado esquerdo e que saíssem todos, deixando-os a sós. Aquelas ordens foram rigorosamente executadas, mas um dos sacerdotes, curioso, quis saber o que iria acontecer e escondeu-se embaixo de uma cama.

Quando Baal Schem Tov ia transpor a porta do palácio, exclamou:
— Há alguém escondido no quarto; expulsem-no, senão nada poderei fazer.

Vasculharam todos os cantos e encontraram o curioso que saiu muito envergonhado, e que foi punido com a expulsão.

Sozinho com a enferma, Baal Schem Tov amarrou sua barba e os *peies*, sem deixar aparecer um só fio de cabelo, inclinou-se sobre ela e lhe segredou algo ao ouvido. Na mesma hora, a moça voltou a si e dentro de pouco tempo ficou completamente restabelecida. Com este caso milagroso, o nome dele ainda se difundiu mais e todos o consideravam um "homem iluminado".

Depois de tudo acalmado, prosseguiram na viagem, mas no caminho Bescht explicou ao ricaço que não contasse com uma cura tão rápida para sua filha, visto que a circunstância daquela moça era diferente, pois o futuro de milhares de pessoas estava em jogo; porém, prometeu que tentaria restabelecê-la, pelo menos dentro de algumas semanas.

Quando chegaram, ordenou que arranjassem na Sinagoga um lugar isolado, especialmente escolhido e todos os dias a doente ia lá. Ficava ouvindo com muita atenção, calada, as palavras abençoadas que ele proferia. À medida que os dias passavam, a jovem apresentava muito pouca melhora, mas, depois de quatro semanas, ficou completamente curada.

Por mais esta razão, o nome de Israel se foi tornando famoso no mundo todo. As pessoas vinham procurá-lo para encontrar lenitivo e nunca eram desamparadas. Eram sempre bem atendidas e ajudadas no que era permitido por D-us alcançar.

O MÉDICO FAMOSO

Um dos objetivos essenciais da missão de Baal Schem Tov era sua ocupação com a cura; entretanto, também atendia a outros graves problemas e todos que o procuravam eram ajudados.

Na cidade de Ustra morava um médico afamado, conhecido em lugares distantes por sua grande competência. Ao ter conhecimento de que o Rabi Israel fazia tratamentos e obtinha resultados positivos, ficou revoltado, tachando-o de charlatão e ignorante com relação à medicina, ciência de enormes responsabilidades para com a vida humana. Afirmou que o denunciaria por suas atividades ilegais às autoridades competentes.

Quando o Rabi Abraham de Podolski adoeceu gravemente, mandou chamar Baal Schem Tov, que foi vê-lo e receitou alguns remédios. Mas, os filhos do Rabi, temendo confiar nos medicamentos prescritos, que eram quase totalmente desconhecidos, resolveram ir buscar o famoso médico.

Este, depois de examinar minuciosamente o paciente, preencheu o receituário, prescreveu os remédios. Surpreso ficou ao verificar que Baal Schem Tov havia aconselhado os mesmos, pois eram conhecidos somente por grandes professores de medicina.

Desde então seu conceito sobre o Bescht mudou completamente, a ponto de respeitá-lo e admirá-lo. Confiou plenamente em sua ciência e chegou mesmo a pedir-lhe ajuda quando sua filha adoeceu gravemente.

Ambos discutiram o caso nos mínimos detalhes e, com um tratamento rigoroso, a doente em breve teve completo restabelecimento.

COMO ATRAÍA ADEPTOS

Em Mesebitsch havia um ricaço que não aceitava as idéias de Baal Schem Tov. Em sua casa morava um professor de ídiche que ensinava e estudava com seus filhos, como era costume naquela época. Este professor era muito estimado, culto e sabia transmitir; esses dons foram percebidos pelo Rabi Israel, que nele viu um campo fértil para aprendizado mais profundo. Procurou imaginar um jeito de fazê-lo aproximar-se.

Certa noite, numa sexta-feira, o jovem sonhou que passeava pelos arredores da cidade, quando viu um palácio suntuoso, de indescritível beleza. Deslumbrado, quedou-se a admirá-lo, imaginando como seria lindo internamente.

Quis entrar, mas o porteiro não deixou. Aproximou-se, olhou pela janela e, estupefato, viu Bescht com seus discípulos, ao redor de uma grande mesa. O mestre lia a Torá, mas o trecho lhe era totalmente desconhecido. Seu teor o envolveu de tal maneira que sentiu como se estivesse sendo transportado para outro mundo.

Acordou sobressaltado, lembrando-se de todo o tema que lhe pareceu doce como o mel. Relembrou-o várias vezes para o gravar bem e adormeceu de novo.

Pela manhã, o sonho logo lhe veio à mente, mas aquele trecho maravilhoso havia sido esquecido. Isto o aborreceu tanto que não conseguia concentrar-se na oração matutina. Sua atitude não passou despercebida pelo proprietário, e à mesa, notando o alheamento do rapaz, sugeriu-lhe que, se tivesse algum problema ou mesmo sonhado algo, lhe contasse e ele o ajudaria a interpretar. Mas o professor nada disse, porque já havia resolvido procurar Baal Schem Tov e só não o fizera, pelo medo de ofender o anfitrião e por se lembrar de que, no sonho, o porteiro o havia impedido de entrar.

Quando, à noite, a família já estava reunida, esperando que o jantar fosse servido, apareceu um mensageiro do Baal Schem Tov com um convite para que o professor o honrasse com uma visita à sua casa. Estabanadamente, este saltou sobre a mesa e até esqueceu o capote.

Durante a cerimônia, o Rabi Israel proferiu as mesmas preces e o mesmo tema que o jovem tinha ouvido em sonho. Quando viu a expressão iluminada de felicidade do jovem, Israel lhe disse:

— Por que está admirado? Você já conhece este assunto, já o ouviu uma vez.

O professor compreendeu então a grandeza daquele mestre e verificou que era um Homem Inspirado por D-us. Tornou-se um de seus mais dedicados discípulos.

O PROFESSOR TALMÚDICO

Moisés, mestre talmúdico de muita erudição, não acatava o movimento de Baal Schem Tov. Pela manhã, tinha por hábito enviar um mensageiro à sinagoga para saber se já estavam em meio à prece matutina, então iria para lá.

Certa vez, encontrou muita dificuldade em interpretar um trecho do Talmud. Ficou a estudá-lo profundamente, semanas a fio, sem conseguir chegar a uma conclusão plausível.

Mas à noite sonhou que penetrava numa caverna toda iluminada e lá se encontrava o Rabi Israel que lhe perguntou: "Você não está conseguindo analisar esse trecho?" E, com sua maneira peculiar de esclarecer, usando palavras simples, elucidou aquela dúvida.

De súbito, Moisés despertou, recordando nitidamente a explanação. Curioso, levantou-se e tomou aquele livro, verificando então, à luz do luar, que de fato a solução era correta. Deitou-se novamente e adormeceu.

Ao acordar, lembrou-se de tudo e pensou: "Creio que foi apenas um sonho, com certeza Baal Schem Tov nem está a par do caso".

Porém, para surpresa sua, na ceia do encerramento do sábado, recebeu um convite do Rabi Israel para que fizessem juntos aquela refeição. Durante a ceia, comentaram a verdadeira significação daquele tema de difícil solução.

Este fato convenceu o professor de que o esclarecimento lhe fora dado em sonho pelo próprio Baal Schem Tov e se tornou um de seus fiéis adeptos.

PROTEGENDO CONTRA SATÃ

No Yom Kipur, Baal Schem Tov tinha por hábito ser o primeiro a chegar à sinagoga, antecipava suas orações e só depois dava início ao ritual, com a presença da coletividade.

Porém, em certo Yom Kipur, chegou bastante atrasado, indo diretamente ao seu lugar. Reclinou-se no tampo da mesa e ficou nesta posição muito tempo, atitude que deixou todos atônitos. Em seguida, ergueu-se, fazendo o sinal para o começo das preces.

No dia seguinte, após a primeira parte do Schaharit, o sábio Rabi David já se preparava para dizer a oração seguinte, o Mussaf, quando Baal Schem Tov, como se o ignorasse, exclamou: — Quem rezará Mussaf?

Os presentes ficaram perplexos com a pergunta, pois todos os anos quem recitava essa prece era sempre o Rabi David. Mas se conservaram em silêncio, para não desrespeitar Bescht. Passaram-se alguns minutos e nova indagação: — Quem vai dizer Mussaf?

Alguém se armou de coragem e falou: — O Rabi David, como de costume.

Ao ouvir pronunciar aquele nome, Baal Schem Tov, zangado, encarou o Rabi David: — Como você se atreve, em pleno Yom Kipur, a vir até o altar? Como ousa penetrar numa sinagoga e rezar? — e assim sucessivamente, durante quase meia hora ofendeu de maneira ostensiva e em altos brados o Rabi David.

Todos estavam boquiabertos, trêmulos e apavorados com aquela reação, estranhando aquela atitude, que não era habitual em Baal Schem Tov.

Entretanto, depois de tanta confusão e desabafo, ele continuou calmamente: — Paciência, já que não há outro, vá você mesmo dizer a prece, Rabi David.

Este, com o coração em frangalhos, obedeceu e em prantos se pôs a rezar, pensando: "Que será que o mestre encontrou de errado em mim?" E, assim preocupado, orou com tanta devoção como nunca havia feito antes.

À noite, após o término do ritual sagrado, quando se sentaram à mesa para jantar em casa de Baal Schem Tov, como era o costume, ele pediu silêncio e esclareceu: — O Rabi David sempre se penitencia costumando jejuar de sábado a sábado e hoje sua intenção era impor, com teimosia, na hora do Mussaf, seus sacrifícios corporais, para implorar a vinda do Messias, ainda este ano. Nenhum ser humano sabia deste fato, mas o Espírito do Mal, sempre à espreita, se alertou e colocou subalternos em todos os caminhos pelos quais as preces seguem diretamente ao Trono Divino, bloqueando-os. Foi por esta razão que eu não quis rezar, pois de que adiantaria fazê-lo, se nossas orações seriam desviadas e cairiam em poder dos maus espíritos? Mas, com paciência e muita fé, vislumbrei uma pequena brecha, que me permitiu abrir um novo caminho. Resolvi então ir à Sinagoga para iniciar o rito. Entretanto, na hora do Mussaf, temi que as preces do Rabi David, com sua idéia fixa, fossem interceptadas — que D-us nos livre — poderia causar grandes malefícios ao nosso povo. O Rabi David, apesar de sua religiosidade, ainda não tem forças suficientes para obter essa solicitação, pois a Hora da Vinda do Messias não foi determinada. Por enquanto, temos que pedir a D-us pela sobrevivência dos povos. Por isto, para desviar da mente do Rabi David o propósito de alcançar uma coisa ainda impossível, usei de artimanhas para provocá-lo e distrair sua atenção. Mas afirmo que na verdade ele é um grande sábio, um profundo erudito e, se eu assim procedi, foi pensando no bem-estar do nosso povo e, por conseguinte, de toda a humanidade.

Diante disto, o Rabi David, muito aliviado, reconheceu ser verdadeira aquela explanação.

LIVRANDO DA MORTE

Estando a viajar com alguns discípulos, Baal Schem Tov ordenou que se desviassem daquela estrada. Enveredaram por um caminho totalmente desconhecido, sem que ninguém compreendesse o significado de tão estranho procedimento.

Depois da mudança de itinerário, já estavam a mais de vinte e quatro horas de viagem, quando chegaram a uma hospedaria, onde pararam para descanso. O proprietário, muito curioso, quis saber de onde vinham e o que faziam.

Com paciência, o Rabi Israel, disse que era um *darchen*, contou que se destinavam a Berlim, onde soubera que se realizaria no sábado seguinte um pomposo casamento, de gente muito rica, onde com certeza faria algum dinheiro.

Muito espantado, o hoteleiro disse: — Que é que o senhor está dizendo? Hoje já é quarta-feira, daqui a Berlim são cem quilômetros, de que maneira pretende estar lá no sábado?

— Nossos cavalos são ótimos e depois deste descanso garanto que chegaremos ao nosso destino no dia marcado.

O estalajadeiro sorriu, achando aquilo impossível, mas se lembrou de que precisava ir a uma cidade a poucas milhas dali, no mesmo trajeto e resolveu pedir que o levassem até Berlim. Baal Schem Tov concordou.

Na quinta-feira pela manhã o Rabi Israel, durante longo tempo, fez as costumeiras preces e ordenou calmamente que se preparasse o almoço.

O hoteleiro, nervoso, disse: — Se o senhor pretende estar lá para receber o sábado, por que está demorando tanto?

Mas Bescht não se apressou e somente ao entardecer é que reiniciaram a viagem, seguindo sem parar pela noite adentro. Ao alvorecer, o estalajadeiro exclamou, surpreso: — Estamos bem próximos de Berlim!

De fato, em menos de uma hora já estavam no centro da cidade e ficaram hospedados numa casa distante da do ricaço que ia casar.

O hoteleiro foi passear pela cidade, sem rumo certo e nem saber o que fazer. De repente, ouviu gritos estridentes vindos do interior de uma bela mansão e viu muita gente aglomerada à porta. Juntou-se à multidão e entrou também na casa para verificar o que estava acontecendo. Estarrecido, viu uma noiva estirada no chão como morta, rodeada por médicos que, nada conseguindo, já haviam desistido de reanimá-la. Tinham desenganado a moça e o noivo, desesperado, andava, de um lado para outro, em contínuo vaivém, completamente desnorteado.

Criando coragem, o estalajadeiro se aproximou do noivo e contou: — Não se aborreça. Esta noite viajei com um *maguid,* viemos juntos de uma cidade a uns cem quilômetros daqui e chegamos hoje pela manhã milagrosamente. Mande buscá-lo, pois ouvi dizer que ele também cura. Quem sabe se o ajudará?

Sem perda de tempo, o noivo correu a procurar Baal Schem Tov, implorando, com lágrimas nos olhos, que ajudasse sua amada noiva. Bescht o acompanhou e, ao ver o rosto da moça, exclamou: — Chamem imediatamente as pessoas encarregadas do serviço fúnebre. Mandem fazer o caixão e a cova e eu os acompanharei ao cemitério. Lá veremos o que poderá ser feito. Levem também o vestido nupcial.

No cemitério, ordenou que colocassem o caixão na cova, sem o fechar com a tampa, nem cobri-lo de terra. Mandou que dois homens musculosos ficassem na beira, inclinados sobre ela, fitando-a diretamente nos olhos. Assim que observassem qualquer alteração em seu rosto, deviam retirá-la imediatamente. Ele próprio se apoiou na bengala, inclinou-se também, fitando-a atentamente. Permaneceram assim imóveis, durante cerca de meia hora. De repente as faces da noiva começaram a ficar coradas. Baal Schem Tov piscou e acenou para que a retirassem dali imediatamente, gritando em seguida: — Voltem para a cerimônia do casamento sob a *hipa.*

Lentamente, a noiva começou a erguer-se, quando já estava bem firme, voltaram à residência e honraram o Rabi Israel com o convite para celebrar o ritual do casamento. Ao ouvir a voz de Baal Schem Tov, durante a cerimônia, a noiva levantou o véu e disse, emocionada: — Este é o homem que me salvou da morte. — Mas Bescht insistiu em que ela se calasse.

Após o término do ritual religioso, quando todos festejavam alegremente, louvando o Todo-Poderoso pelo milagre de tanta felicidade merecida, a noiva narrou o seguinte: O noivo, agora marido, fora casado com sua tia, senhora fraca e doentia. Vivia com o casal por ser órfã, tendo sido criada e educada por eles. Sem esperança de cura, pois a moléstia se agravava dia a dia, ao perceber que seu fim se aproximava, a tia ficou enciumada e, quase em coma, exigiu que os dois jurassem que nunca haveria casamento entre eles. Porém, alguns anos depois, surgiu o amor entre eles. Transgrediram a promessa e então a morta quis levar a sobrinha.

Quando a jovem noiva foi depositada na cova, Baal Schem Tov ficou sabendo toda a descrição dos fatos. Analisou e julgou a causa a favor dos vivos, esclarecendo: — Foram obrigados a fazer tal promessa naquela hora cruciante para que a enferma morresse tranqüila, sem sofrer. Portanto, esta união é bastante justificável e a cerimônia prosseguirá.

Naquele sábado, Baal Schem Tov foi distinguido com grandes honrarias e homenagens. No domingo, à hora da partida, toda a cidade compareceu para despedir-se, demonstrando gratidão e admiração por seu desinteressado amor em servir ao próximo.

GUERRA AO FEITICEIRO

Voltando de Berlim, chegaram, na terça-feira à noite, a uma estalagem onde viram inúmeras velas acesas. O proprietário, muito nervoso e triste, estava de cabeça baixa. O Rabi Israel se aproximou, perguntando: — Podemos pernoitar aqui?

Como o hoteleiro não o conhecia, respondeu: — Sinto muito, mas justamente esta noite preciso negar-lhes pousada.

Mas como Baal Schem Tov persistisse em saber o motivo de tão profunda depressão, ouviu: — Esta noite tem de ser de completa vigília. Está marcada para amanhã a cerimônia do *bris* do nosso quinto filho. Como os quatro primeiros morreram na véspera do ritual sem sabermos a causa e sem que estivessem sequer doentes, estou amargurado. Tenho medo, que, D-us nos livre, este também tenha destino idêntico, nesta noite.

Então o Rabi Israel lhe disse: — Fique tranqüilo, estaremos aqui para ajudá-lo. Nada tema, pode aprontar-se para o *bris*.

Pediu aos alunos que ficassem acordados, estudando a noite inteira e escolheu dois deles para permanecerem junto ao berço da criança, com um saco de estopa aberto. Assim que sentissem algo entrar, deveriam amarrar bem o saco e acordá-lo imediatamente.

À meia-noite em ponto, as velas começaram a bruxulear e algumas chegaram mesmo a apagar-se. Os discípulos, impassíveis, sem nada temer, continuaram firmemente concentrados nas preces. De repente, um enorme gato passou correndo para o quarto do bebê, mas errou o pulo e caiu no saco. Os dois, com incrível rapidez, amarraram fortemente e foram chamar o mestre. Este exigiu que dessem mais um nó bem apertado, pegassem dois bastões bem grossos e surrassem aquele fardo, sem dó nem piedade; mandou depois atirá-lo na rua, deu ordens para desamarrar e soltar o gato.

O resto da noite passou na mais perfeita calma, com a graça de D-us, e a criança estava salva. O *bris* se realizou e Baal Schem Tov foi convidado para ser o padrinho e distinguido com muitas honrarias. A festa estava bem animada, havia alegria e fartura, porém o pai da criança pediu permissão ao Rabi Israel para levar um bolo de presente ao fazendeiro vizinho, homem maldoso e que ele temia. Abençoando-o, Bescht lhe disse: — Vá em paz, não tenha receio de nada.

Quando chegou à casa do vizinho, os escravos lhe contaram que ele estava acamado, muito machucado e fraco. Mesmo assim, ele insistiu que o avisassem que lhe tinha trazido um bolo. O doente mandou então que introduzissem o visitante em seu quarto para agradecer-lhe pessoalmente a gentil lembrança e lhe perguntou: — Quem são os estranhos que estão em sua hospedaria?

O estalajadeiro estava tão feliz que perdeu o medo e orgulhosamente relatou: — É um professor judeu com seus discípulos, excelente pessoa, que salvou meu filho de morrer esta noite. E, inocentemente, descreveu o ocorrido.

Falou então o fazendeiro: — Volte à estalagem e diga ao seu hóspede que venha ver-me com urgência.

Preocupado e receoso, transmitiu aquela esquisita mensagem a Baal Schem Tov, que tranqüilamente respondeu: — De que tem medo? Fique calmo, terminaremos o almoço e em seguida irei vê-lo.

Mas durante a refeição resolveu narrar pormenorizadamente o que se passara na noite anterior: — O fazendeiro, seu vizinho, é um grande feiticeiro, muito malvado. Ele é responsável pela morte de seus filhos. Nas vésperas das circuncisões se transformava em gato e os matava. Porém, desta vez foi tomado de surpresa, com a tremenda surra que levou ficou com os ossos fraturados e é por isso que está enfermo.

Depois foi à casa do vizinho e, nem bem havia penetrado no quarto, o doente lhe falou: — Você me pegou desprevenido. Por esta eu não esperava, mas venha medir forças comigo em público, quando eu estiver bom.

— Combinado, dentro de um mês voltarei com meus alunos e em praça pública o enfrentaremos com os seus; só assim você terá provas suficientes de que só existe Um D-us Único, Todo-Poderoso e Senhor do Universo.

No prazo determinado, no local e hora marcados, ambas as partes se defrontaram. Baal Schem Tov traçou dois círculos no chão, um para ele e outro para os discípulos, recomendando que olhassem durante o tempo todo para seu rosto. Se vissem alguma brusca mudança, que rezassem com todo fervor.

Defronte, a curta distância, o feiticeiro riscou também dois círculos, um para si e outro para os auxiliares. Sem preâmbulos, nem aviso prévio, começou a atacar imediatamente, enviando toda espécie de animais bravios, que avançavam com grande ímpeto. Mas, quando chegavam ao primeiro círculo, dissolviam-se. Sem descanso, atirava, sem interrupção, feras monstruosas, que não conseguiam ultrapassar o primeiro círculo. Desvairado, em desespero, apelou para o último recurso: lançou porcos selvagens, que expeliam fogo pela boca e pelas narinas e que conseguiram ultrapassar o primeiro círculo.

Porém, com coragem, os adeptos de Bescht, que não desviavam o olhar do seu rosto, perceberam que havia uma pequena alteração. Começaram a orar, suplicando com fervor profundo e invocando o auxílio Divino. Então, os animais, antes de atingirem o segundo círculo, se esvaíam.

— Rendo-me, — falou o feiticeiro, — estou aniquilado, minhas forças se esgotaram. Digo adeus ao mundo, pois sei que agora você me destruirá.

Baal Schem Tov respondeu: — Se quisesse exterminá-lo, já o teria feito, mas quis primeiro provar-lhe que D-us é Único e Poderoso, sem artimanhas maldosas e bruxarias. Erga a cabeça, olhe para cima, para o céu.

Ele obedeceu e ergueu os olhos para o alto, mas vieram dois falcões que os furaram, cegando-o para sempre.

REVELANDO UM SEGREDO

Na cidade de Mesebitsch, onde Baal Schem Tov morava, vivia um grande estudioso do Talmud, que passava dias e noites em profundas meditações. Como era pobre e humilde, satisfazia-se com os alimentos e roupas que lhe eram dados por pessoas caridosas.

Sua esposa, também muito devota, aceitava esta situação resignadamente, sem nada exigir. Porém, ao ver que as filhas estavam bem grandes, disse ao marido: — Está certo, querido, nossa fé no Altíssimo é imensa; mas não é justo que abandonemos nossas filhas, já crescidas, deixando-as com vestes maltrapilhas.

Angustiado com aquelas palavras realistas, pediu-lhe que o orientasse e quais as providências que deveria tomar. Se deveria abandonar os estudos e dedicar-se a algum trabalho rendoso.

— Em nossa cidade mora o afamado Baal Schem Tov que tem ajudado muita gente e continua a fazê-lo. É procurado por pessoas vindas dos pontos mais longínquos do mundo; procure-o também, quem sabe ele encontrará uma solução — disse ela.

Apesar de, em sua religiosidade, ter idéias contrárias ao movimento do Rabi Israel, convenceu-se e foi procurá-lo, expondo-lhe minuciosamente seu problema.

Baal Schem Tov ouviu-o atentamente e falou: — Vá à cidade de Kasmir, procure lá este operário (deu-lhe o nome da pessoa, filiação e outros informes), que muito o ajudará.

Com o coração cheio de esperanças, o interessado prometeu solenemente cumprir à risca todas as instruções. Como não tinha meios para comprar passagem, resolveu fazer a viagem a pé e indo vagarosamente de cidade em cidade, até que afinal chegou à localidade.

Num lugar estranho, em geral a pessoa sem posses se dirige logo à Sinagoga para descansar e orientar-se. Foi o que ele fez. Teve a sorte de encontrar muita gente e sem perda de tempo começou a perguntar onde e como poderia encontrar o tal operário, dizendo seu nome e dando todas as informações que recebera. Mas ninguém o conhecia, nunca tinham ouvido falar nele. Alguns chegaram mesmo a afirmar que ali não existia tal pessoa.

Cansado da longa caminhada, desanimado com o insucesso, suspirando de angústia por tanto sacrifício em vão, resolveu seguir o conselho de alguns e procurar os anciães da cidade, como última tentativa.

Ao ouvirem a descrição e o nome da pessoa procurada, os velhos perguntaram: — Por que está procurando essa pessoa? Já faz sessenta anos que ela faleceu. Foi um homem muito mau. Era um delator, transgrediu em todos os pecados possíveis e imagináveis. A cidade toda, sem exceção, ficou muito feliz com sua morte. Para que, pois, relembrar um nome que só evoca maldade?

O estudioso, com o coração em frangalhos, sem compreender o significado de tudo, voltou a pé, vagarosamente. Foi direto à casa de Baal Schem Tov para saber o motivo da recomendação.

O Rabi Israel esclareceu: — Você, como estudioso do Talmud e da Cabala, crente como é, sabe muito bem que reencarnamos para pagar nossas dívidas. Fique pois avisado que você é o tal operário maldoso, facínora, pecador e detestado por todos, que voltou para pagar e cumprir seu destino. Como pretende melhorar sua existência neste mundo, pedindo riqueza, fartura, regalias e honras? Só com a falta de recursos, com os aborrecimentos que está passando atualmente é que alcançará merecimentos para ir liquidando sua conta anterior.

Depois de ouvir todo o relato, o religioso, trêmulo, nada mais pediu. Dedicou-se a estudar cada vez mais e tornou-se adepto de Baal Schem Tov.

O FILHO DO COMERCIANTE

Morava em Mesebitsch um rico comerciante, não partidário das idéias de Baal Schem Tov.

Tinha um filho único, jovem muito inteligente, estudioso da Torá, muito desprendido, conhecedor da natureza humana e sabedor das notícias sobre o progresso mundial. Por esta razão era sempre ele quem viajava para Breslav e outras cidades adiantadas, onde costumava fazer as compras e em geral demorava umas quatro semanas.

Porém, numa das viagens, a ausência se prolongou durante mais de dez semanas, sem que mandasse qualquer notícia. Os pais estavam aflitos e preocupados com aquela demora, em desacordo com seus hábitos. Desnorteados, não sabiam o que fazer ou pensar.

Desesperada, a mãe falou ao marido: — Gostaria que você fosse perguntar a Baal Schem Tov; pessoas de lugares distantes vêm aqui procurá-lo. Por que, estando nós tão perto, não fazemos o mesmo?

O comerciante relutou a princípio em aceitar o conselho, mas, nervoso como estava, convenceu-se por fim e foi procurar o Rabi Israel numa sexta-feira. Contou-lhe as angústias que estavam passando, devido a tão prolongado silêncio.

Baal Schem Tov consultou o Zohar que estava sobre sua mesa, meditou alguns instantes e disse: — Fiquem tranqüilos. O rapaz está muito bem e com saúde. Ele guardará o sábado numa aldeia a uma milha daqui.

O comerciante contou tudo à esposa, mas duvidou da última frase, pois sabia que o amor e as saudades não prenderiam o filho num lugar estranho, à distância de apenas uma milha de casa, por ser sábado. Mas ela contestou, dizendo acreditar piamente no que Baal Schem Tov havia dito. Mesmo assim, o marido, na incerteza, mandou um empregado àquele lugarejo, para certificar-se, porém, este voltou sem ter encontrado o moço.

Entretanto, no sábado à noite, o moço chegou e contou que, quando se aproximava daquela aldeia, o eixo da roda da carruagem se partiu. Para não viajar no dia santificado, resolveu pernoitar ali.

Diante desta comprovação, o pai certificou-se de que as palavras que Baal Schem Tov havia dito eram puras e verdadeiras. Foi visitá-lo novamente para contar o ocorrido; arrependido, resolveu pedir perdão pela dúvida e por ter injuriado o Rabi, anteriormente.

Bescht respondeu: — Com a luz que D-us criou, Adão viu o mundo de um extremo ao outro. D-us guardou esta luminosidade para os justos, sabe onde?... Na Torá! É por esta razão que, quando abro e

consulto o Zohar, consigo ver o que se passa no mundo; os enganos, então, não são admissíveis...
  Daquela época em diante, aquele orgulhoso e incrédulo comerciante tornou-se um fervoroso seguidor de Baal Schem Tov.

A FORÇA DA FÉ

  Baal Schem Tov recebeu Ordem Divina para dirigir-se a uma aldeia com seus discípulos mais dedicados, a fim de aprender com o proprietário de uma hospedaria uma belíssima lição de moral e fé. Uma lição sobre a grande força interior de que todos necessitamos para confiar plenamente na ajuda de D-us Todo-Poderoso, com o espírito elevado.
  O estalajadeiro, senhor idoso e muito simpático, atendeu a todos com carinho, apresentando refeições suculentas; caprichou na arrumação dos quartos e sua limpeza, para que tivessem um pernoite tranqüilo e agradável.
  No dia seguinte, quando iniciaram as preces matutinas, foram bruscamente interrompidos com a entrada de um robusto cossaco, a mando do *puretz,* que empunhava enorme chicote com o qual bateu três vezes sobre a mesa. Em seguida, saiu. O inquilino, isto é, o arrendatário continuou tranqüilo, sem nada dizer ao intruso, o que muito intrigou a todos. Nem bem haviam concluído as rezas, o mesmo indivíduo voltou, bateu de novo três vezes na mesa e saiu.
  Baal Schem Tov, entre espantado e curioso, perguntou o significado de tamanha esquisitice. O hoteleiro explicou: — O senhorio tem por costume enviar este empregado três vezes, como lembrete de que devemos pagar-lhe o aluguel, que deverá ser entregue pessoalmente em sua residência; no caso de não obedecermos, seremos todos presos.
  — Com certeza, você já está com o dinheiro separado para pagar; vá entregá-lo e nós esperaremos a refeição — disse Bescht.
  — Acredite-me, senhor, ainda não tenho um níquel, mas não me aborreço, com certeza D-us me ajudará.
  Sentaram-se à mesa, juntamente com o estalajadeiro muito calmo e alegre, para tomarem a refeição. Quando estavam no meio, o cossaco entrou, bateu e se afastou. O inquilino nem se abalou, continuou a comer. Quando terminaram, fizeram a prece de agradecimento.

Depois o hoteleiro apareceu vestido com seu melhor terno e disse ao Baal Schem Tov: — Agora preciso ir levar o pagamento.

— Mas você afirmou, agora há pouco, não ter dinheiro.

— É a pura verdade, não o tenho ainda; mas minha fé em que D-us me auxiliará é tão grande, que conscientemente vou até lá, sabendo que ELE não me desamparará. ELE fará com que eu consiga o necessário para saldar minha dívida.

Calmamente, seguiu pela estrada em direção à casa do senhorio, deixando o Rabi Israel e os alunos na varanda a observá-lo curiosamente e a acompanhá-lo com o olhar para ver o que aconteceria. Eis que surgiu uma carruagem com dois indivíduos, vinda de um pequeno atalho. Eles o detiveram a conversar. Porém, a prosa não demorou e os homens tomaram o rumo da estalagem e o arrendatário continuou seu trajeto. Pouco depois, fizeram meia volta com a carruagem, chamaram-no e quando se aproximaram lhe entregaram um maço de cédulas, contando-as uma a uma. Cada qual seguiu o caminho a que se destinava e quando aqueles dois homens pararam na hospedaria, Baal Schem Tov perguntou, ansiosamente: — Que conversaram vocês com o estalajadeiro?

— Compramos dele uma pipa de vinho, que ele ainda vai destilar. Quando o encontramos pela primeira vez, não chegamos a um acordo e deixamos que ele fosse embora, esperando que mudasse de idéia. Mas ao verificar, pela teima que já conhecemos, que não baixaria o preço, resolvemos fechar negócio e pagamos adiantado, porque sabemos que é um homem correto e leal.

Descrevendo este fato curioso, com o pensamento voltado aos céus, Baal Schem Tov provou mais uma vez aos seus discípulos que D-us protege e auxilia os que, com fé inabalável, NELE confiam plenamente.

A GARGALHADA

Era hábito de Baal Schem Tov todas as sextas-feiras à noite, à entrada do sábado, jantar com seus discípulos. Estes se conservavam em respeitoso silêncio, para não perturbar a meditação do mestre durante a celebração.

Porém, certa vez, quando ele terminava de fazer o *Kidusch,* soltou uma gostosa gargalhada. Para os presentes esse fato constituiu surpresa, um verdadeiro milagre, pois nunca havia acontecido coisa igual; mas, temerosos, receavam interrogá-lo. Durante a refeição, o Rabi Israel riu de novo e quando abençoava o término do jantar, deu outra risada sonora, sem que ninguém compreendesse o motivo de tanta graça. E assim passou o sábado, sem que sequer mencionasse algo para elucidar aquele estranho procedimento.

Entre os alunos, havia um Rabi — Volf Kitzes — um dos preferidos de Baal Schem Tov, por sua simpatia e ternura; em todos os fins de sábado, costumava acender o cachimbo do mestre e ouvir enlevado as descrições das visões que Bescht tivera, no decorrer do dia santificado, quando orava. Todos aguardavam, ansiosamente, aquele momento, na expectativa de que Baal Schem Tov contasse a razão das risadas, mas ficaram desapontados, pois conservou-se calado.

Entretanto, o Rabi Volf, dominando seu temor, perguntou: — Qual foi o motivo que fez o senhor rir três vezes, durante o jantar de ontem à noite?

Bescht, no entanto, sem responder à pergunta, ordenou que comunicasse aos colegas que deviam vestir as roupas de uso diário, porque iriam empreender uma viagem juntos, para outra cidade. Percorreram estradas a noite inteira, ignorando qual o destino. Ao amanhecer, chegaram à cidade de Koznitz, onde ficaram hospedados em casa do dirigente da comunidade e foram recebidos com honrarias.

A notícia de tão importante visita logo se espalhou e imediatamente as pessoas mais destacadas da localidade vieram cumprimentar e oferecer seus préstimos.

Baal Schem Tov pediu que trouxessem à sua presença o encadernador Schabsi e sua esposa, pedido que muito surpreendeu a todos, porque era um homem simples, que ignorava completamente os estudos da Torá. Obedeceram, porém, tomando as devidas providências para buscá-los.

Assim que o casal chegou, o Rabi Israel falou: — Sr. Schabsi, peço-lhe que conte, com os mínimos detalhes, o que fez nesta sexta-feira à noite; não se envergonhe, diga toda a verdade, sem omitir coisa alguma.

Assustado, ele respondeu: — Grande Rabi, se pequei, que D-us me livre, diga-me a penitência. Eu lhe contarei tudo. Sou um simples operário que, em toda a vida, vivi unicamente do produto do meu trabalho. Graças a D-us nunca precisei recorrer a ninguém. Nas quintas-feiras, tinha o costume de abastecer nossa casa para honrar o sábado; nas sextas-feiras, às dez da manhã, já me encaminhava à Sinagoga para recitar Shir-Haschirim e lá ficava até à noite, quando recebia o sábado aos altos brados e com alegria. Mas, agora na velhice, não tendo forças para trabalhar, como estou há muito sem ganhar, fui vendendo aos poucos tudo que possuía para o nosso sustento, sem pedir auxílio a ninguém. Entretanto, nesta quinta-feira, nada mais tendo para vender, não pude comprar sequer o pão para o sábado. Não quis contar a pessoa alguma as nossas aperturas para não receber a dádiva de um semelhante. Resolvi então que seria melhor jejuar no sábado, em vez de revelar o problema a alguém. Nesta sexta-feira, como de hábito, às dez da manhã, eu me preparava para ir à Sinagoga, mas, receando que minha esposa falasse aos vizinhos, consegui seu juramento de que nada diria. Avisei também que ficaria na Sinagoga até mais tarde da noite, após a saída de todos, para evitar que algum curioso perguntasse por que minha casa estava às escuras, sem a tradicional iluminação das velas sabáticas. Depois de todas essas instruções, dirigi-me para a Sinagoga. À noite, quando voltava, vi com espanto a casa toda iluminada e pensei: ''Ela não conseguiu dominar a língua, contou aos vizinhos e ganhou as velas''. Quando entrei outra surpresa: sobre a toalha branca da mesa, travessas com peixe, carnes, roscas e também o clássico vinho. Continuei pensando: ''Não há dúvida, ela me desobedeceu e com certeza tudo isto é presente''. Porém, eu não quis empanar a alegria do sábado, dominei minha raiva, comecei a rezar Shalom Aleihem e o tradicional Kidusch. Mas não consegui dominar os nervos por muito tempo e no meio do jantar falei rapidamente: ''— Não suportou guardar segredo sobre nossa dificuldade e a contou aos vizinhos, não é?'' Muito magoada, ela respondeu: ''— Como tem coragem de desconfiar que eu transgredi um juramento?'' E em seguida explicou: ''— Você se lembra? Certa vez sumiu uma das mangas do casaco que tinha botões de prata? Cansei de procurá-la e havia muito me tinha conformado com a perda; mas hoje, por acaso, quando fazia a limpeza da casa, com grande espanto, a encontrei. Consegui bom preço por eles e com o dinheiro comprei tudo, inclusive velas maiores, pois sabia que você tardaria a chegar''. Quando ouvi, perplexo, esta narrativa, fiquei tão feliz ao verificar que era um verdadeiro milagre, uma graça muito especial que o bondoso D-us nos havia concedido, não me contive, peguei a mão de minha esposa e dançamos longo tempo; e assim, por três vezes, repetimos a dança, sem deixar de agradecer a D-us e louvar sua grande ajuda. É esta, Grande Rabino, toda a história do que fizemos naquela noite e se, acaso eu agi erradamente, peço-lhe o favor de me penitenciar, que obedecerei.

Baal Schem Tov, olhando para os discípulos, explicou: — Agora já sabem a razão das minhas três gargalhadas. Acreditem, este agradecimento singelo ecoou nos céus, transformando-se numa festa!

Em seguida, dirigindo-se à esposa do encadernador, perguntou-lhe: — O que você prefere: um filho ou riqueza? (O casal não tinha filhos.)

Ela respondeu: — Sou velha para ter riquezas, prefiro, se possível, deixar um filho no mundo.

Baal Schem Tov a abençoou, afirmando que dentro de um ano seu desejo se realizaria. Ela seria mãe e a criança deveria ter o nome de Israel. Pediu que o avisassem do nascimento que ele viria para o *bris* e seria o padrinho.

De fato, veio ao mundo um menino, ao qual chamaram Israel, em homenagem a Bescht. Quando ficou adulto, tornou-se *maguid* de Koznitz, profundo estudioso da Torá, sábio e santo, que com suas preces e devoção encaminhou muitas almas e iluminou o mundo com sua sabedoria e humildade. (Que Sua Graça nos proteja.)

A SINAGOGA

Em Zbarsz, havia uma Sinagoga onde os fiéis pertenciam, na maioria, ao sexo feminino. Aos poucos, foram surgindo espíritos maléficos, de péssima influência, que provocavam balbúrdias e atormentavam as mulheres de tal modo que conseguiram, finalmente, o seu afastamento completo. Elas foram queixar-se ao Rabi Haim, relatando-lhe minuciosamente o que ocorria.

Imediatamente o Rabi Haim se dirigiu ao local e em profunda concentração, com preces fervorosas, lamentações e pranto, conseguiu expulsá-los. Revoltados com aquela brusca intromissão, os demônios se vingaram atacando os dois filhos do Rabi, prejudicando-lhes a saúde. Desesperado e já sem força para combatê-los, o Rabi apelou ao Baal Schem Tov, implorando ajuda.

Para atender prontamente àquela angustiosa súplica, Bescht se hospedou numa pequena casa daquela cidade, ordenando que as duas crianças ficassem com ele. Ao anoitecer, já na hora de dormir, Baal Schem Tov se acomodou sobre a mesa e o escriba, que sempre o acompanhava, ficou deitado embaixo dela.

Não demorou muito, os espíritos do mal estavam aglomerados na porta da entrada, a fazer toda sorte de travessuras, caretas, macaquices.

Caçoavam da entonação que Baal Schem Tov usava nos cânticos sagrados em louvor a D-us. Bescht perguntou ao secretário: — O que está vendo? Porém este, sem conseguir pronunciar sequer uma palavra, escondeu a cabeça sob o travesseiro.

Os intrusos entraram e se dirigiam ao quarto das crianças, quando Baal Schem Tov gritou: — Aonde vão vocês? Sem dar a mínima atenção, nem ter receio, eles começaram a imitar, com mímicas e provocações o jeito de rezar do Rabi Israel e replicaram: — Que tem você com isso?

Mas Bescht não perdeu a calma. Fez resolutamente o que era necessário para combatê-los, expulsando-os dali e defendendo aquelas inocentes vítimas.

Ao se sentirem aprisionados, diante daquela ordem superior, os demônios, amedrontados e em pânico, caíram ao chão implorando liberdade. Então, Baal Schem Tov exigiu: — Curem bem depressa essas crianças.

Eles disseram: — É uma sorte para elas o senhor estar aqui hoje, porque já tínhamos molestado todos os órgãos internos sem possibilidade de cura e agora íamos atacar os externos para liquidá-los de vez.

Depois de terem obedecido, cumprindo o que ordenara o Rabi Israel ele quis saber como e por que haviam surgido na Sinagoga. Eles esclareceram que haviam sido criados e nutridos por pensamentos pecaminosos do convencido e arrogante cantor litúrgico e por um dos componentes do coral, quando olhavam para as mulheres. Tais pensamentos, unidos aos das mulheres, também bastante impuros, tinham multiplicado e fortalecido os demônios.

Baal Schem Tov ouviu toda a história com a máxima atenção, soltou-os, enviando-os a outro lugar onde nunca mais poderiam prejudicar alguém.

A NETA DO RABI DAVID

Em Zaslav, Baal Schem Tov estava hospedado em casa do Rabi David, quando foi procurado pelo filho deste, o Rabi Aizik. Este vinha pedir-lhe que examinasse sua filha de treze anos, que havia adoecido depois do casamento. Depois de minucioso exame, Bescht recomendou o uso de sanguessugas e aconselhou que a operassem das hemorróidas.

O pai ficou muito preocupado com a intervenção cirúrgica, por ser ela muito criança. Além do mais, duvidou do diagnóstico, visto que naquela época Rabi Israel ainda não tinha adquirido muita fama. Resolveu então chamar um médico, pois achava esquisito que uma jovem tivesse hemorróidas, mas ficou surpreendido ao verificar que o médico confirmou tudo.

Procurou uma doutora, médica muito considerada e com fama de competente para fazer a operação. Mas Baal Schem Tov, ao vê-la, disse zangado: — Por acaso não há aqui outra pessoa com aptidão? Somente ela? Seu trabalho não terá êxito!

O Rabi Aizik, desesperado, tomou a resolução de partir com a filha para Constantin e procurar um curandeiro. Baal Schem Tov, apesar de irritado com essa atitude, levou em consideração sua lealdade para com o Rabi David e viajou para lá. Procurou-os, aconselhou-os a voltar, explicando que, se a doente ali ficasse, ele não poderia fazer um trabalho espiritual, nem ajudá-la a curar-se.

O pai ouviu com atenção e prometeu voltar o mais rapidamente possível. Baal Schem Tov, confiante, partiu. Mas o Rabi Aizik, faltando à palavra, permaneceu lá por longo tempo, sempre aguardando um milagre que não aconteceu. Desanimado, voltou com a filha para casa. Ela piorava cada vez mais.

O avô, apreensivo, fez grande alarde, convocou muitas pessoas para juntos rezarem os Salmos de David e a abençoaram, trocando-lhe o nome. Enviaram uma carta urgente, na véspera de sábado, por um mensageiro camponês, endereçada ao *maguid* Isaac, de Mesebitsch, sobrinho do Rabi David, para quem este fora um verdadeiro pai. O tio implorava que procurasse Baal Schem Tov e rogasse pela saúde da neta, filha do Rabi Aizik. Esqueceu-se de avisar que haviam trocado o nome dela.

A carta foi entregue no momento exato em que estavam terminando Schaharit. Embora o sobrinho não apoiasse as idéias de Baal Schem Tov, entregou-a imediatamente, pois respeitava e temia seu tio. Levou também em conta a caridade para com uma doente.

Depois do serviço religioso, Baal Schem Tov nada disse e se dirigiu para casa. O Rabi Isaac, relutantemente, seguiu-o e perguntou: — O senhor conseguiu algo para a doente na hora do Mussaf? O que se passa com ela? Por favor, preciso dar uma resposta urgente a meu tio.

O Rabi Israel respondeu: — Francamente, não sei o que isto significa, nada me informaram sobre ela.

Em seguida, depois de refletir um pouco, falou: — A não ser que seu nome agora seja outro, por isto nada disseram com referência ao que eu citei em minhas preces. De fato, ela já não tem mais o nome anterior. Portanto, escreva a seu tio e peça-lhe que me envie imediatamente o nome atual.

Com a maior urgência, por um mensageiro especial, remeteram o nome certo. A moça, aos poucos, se restabeleceu por completo e teve uma criança. Ficou curada de todo, graças a D-us.

Quando Baal Schem Tov passou de novo por Zaslav, o Rabi Aizik, irônico, perguntou: Por que o senhor reconheceu que a doutora era irresponsável, não ignorou que abençoaram minha filha com outro nome, mas não soube dizer que ela estava grávida?

Calmamente, Bescht respondeu: — Porque ela engravidou depois das nossas preces, minhas e de seu pai.

CONFISSÃO DE UM CRIMINOSO

Certa vez, quando o Rabi Israel estava em Zaslav, foi encontrado um indivíduo assassinado, nas cercanias do castelo de uma duquesa, perto daquela cidade. O cadáver foi trazido para a investigação, a fim de que se descobrisse o criminoso.

Os *goim*, aproveitando a oportunidade, arquitetaram uma infame mentira: foram dizer à proprietária que os judeus eram responsáveis pelo crime. Imediatamente, ela ordenou que as pesquisas fossem as mais rigorosas.

Ao ter conhecimento da odiosa trama, a comunidade judaica, apavorada, enviou o Rabi Aizik para pedir auxílio ao Baal Schem Tov. Este se achava de pé, em profunda meditação, ouvindo a leitura do Zohar, pelo seu escriba Rabi Hirsch. Respeitosamente, o Rabi se retirou, obedecendo a um sinal do leitor, e voltou mais tarde, quando foi recebido e pôde relatar minuciosamente a calúnia.

Baal Schem Tov disse: — Não ouço falar nada a respeito desta intriga, fique sossegado, tranqüilize a todos, não é nada.

Mas, depois do almoço, durante a sesta, Baal Schem Tov acordou de repente, sobressaltado, ordenando que aquecessem água para a *mikvá*. Ao sair, falou: — Ouço agora comentários no pátio, porém nada acontecerá.

Na manhã seguinte, apresentou-se à polícia um camponês confessando ter morto seu amigo, porque ele lhe havia roubado uma faixa de terra. Devido a esta empolgante revelação, perguntaram quem o havia obrigado a vir contar seu crime. Ele respondeu: — Nem eu mesmo sei explicar, mas desde ontem comecei a sentir como se um braço muito forte me empurrasse até aqui para contar tudo e, por mais que eu me esforçasse para me afastar, não consegui resistir a esta força sobrenatural.

MUNDO CEGO

Certa ocasião, um arrendatário, morador numa aldeia vizinha, veio pedir auxílio a Baal Schem Tov, queixando-se de sua pouca sorte e implorando ajuda para que sua situação melhorasse. Porém, o Rabi Israel, esquivando-se, dizia: — Não devemos apegar-nos com tanto afinco às coisas materiais e terrestres. Melhor seria se pensássemos em caridade e arrependimento.

Quanto mais o indivíduo suplicava por melhoria nos negócios, mais Baal Schem Tov aconselhava que ele devia afastar tudo e meditar sobre as "coisas do outro mundo". Devia elevar-se em profundas preces, arrepender-se de seus pecados perante D-us. "O mundo é nada, o essencial é que nossos pensamentos sempre estejam nos mundos superiores." E assim se prolongava neste assunto, muito mais do que naquele que era solicitado.

Na despedida, o visitante quis pagar a consulta, mas Baal Schem Tov não aceitou. Depois que ele partiu, o Rabi Israel comentou: — Como somos tolos, hoje ou amanhã morremos... vejo o anjo da morte que o acompanha... e ele pede melhoria nos empreendimentos... em vida...

O Rabi Guerschon, seu cunhado e agora também adepto, que estivera presente o tempo todo, exaltado, gritou: — Por que é que você usa palavras tão ásperas com um ser humano?

— Que posso fazer se todos vocês são cegos... vi o anjo da morte que o seguia... Que diferença faz, que eu fale ou não... a verdade é esta: devemos evitar falar sobre algo que ainda não tenha acontecido. Mas o mesmo não acontece com aquilo que já passou.

Dias depois, Rav Iaakov, também cunhado de Baal Schem Tov, viúvo, resolveu viajar à procura de uma esposa e ao anoitecer parou para pousada, justamente na estância daquele homem. Este, muito atencioso, providenciou imediatamente um lauto jantar e, ao ceritificar-se de que o hóspede não queria carne, preparou alimentos à base de leite.

Conversaram durante algum tempo e depois todos subiram para dormir. Mas, alta hora da noite, o arrendatário acordou gritando, queixando-se de fortíssimas dores de cabeça e suplicando que alguém rezasse com ele o Vidui. Como não havia outro, Rav Iaakov foi obrigado a ajudá-lo. O que o deixou impressionado foi o tom suave com que o enfermo repetia as palavras da reza. Depois ele se acalmou e se calou. Pensando que ele havia adormecido a esposa saiu por um instante, mas ao voltar verificou que já estava morto.

Quando Rav Iaakov voltou para casa, depois de ter casado, contou ao Rabi Guerschon e aos outros que tudo quanto Baal Schem Tov havia dito era pura verdade: — Todos nós somos cegos.

A VITÓRIA

Numa das vésperas do Yom Kipur, Baal Schem Tov percebeu que uma grande catástrofe pairava sobre o povo israelita: os adeptos de Shabatai Tzvi — malditos sejam — queriam invalidar a Torá falada e estavam reunindo forças para alcançar a meta.

Passou aquele dia aborrecido e apreensivo; quando a coletividade foi à sua residência para receber a costumeira bênção, fez um inaudito esforço em atender alguns, mas logo dispensou os restantes, dizendo: — Não posso, não consigo.

Na Sinagoga, antes de iniciar o Kol Nidre, fez uma severa preleção a toda a coletividade, caiu diante da Arca Sagrada, gritando em altos brados: — Que grande dor! Querem arrancar-nos a Torá... como poderemos sobreviver? — Estava furioso com os rabinos, culpando-os de tudo que ocorria. — Eles inventam mentiras e falsos acontecimentos, tudo inverdades... também estão sendo julgados todos os *tanaim* e *amoraim*.

Em seguida, rezaram o Kol Nidre e ele continuou receoso e preocupado, esclarecendo que o perigo crescia cada vez mais.

Na manhã seguinte, ansioso, insistiu em que logo cedo iniciassem as preces, avisando aos *baal tefilá* que rezassem rapidamente, pois desejava ele próprio dizer a Neilá, excepcionalmente, um pouco antes da hora costumeira.

Quando chegou sua vez, dirigiu-se novamente aos presentes usando palavras ríspidas, depois inclinou a cabeça sobre o altar, e gemendo e gritando começou a rezar. Na parte de Schmone Esré costumava repetir em voz alta, sem olhar no Livro de Orações, acompanhando os dizeres de Rav Yekel; mas, quando este citou a frase: "Abra os portões do céu", Baal Schem Tov se conservou calado. Por diversas vezes Rav Yekel repetiu a mesma sentença, mas, diante do silêncio do Rabi Israel, calou-se e todos se surpreenderam ao notar que Baal Schem Tov fazia gestos assustadores, chegando mesmo a encostar a cabeça nos pés. Preocupados, porque naquele êxtase profundo poderia levar um feio tombo e, ao mesmo tempo, temendo segurá-lo, pediram ao Rabi Volf Kitzes, um dos seus adeptos mais chegados, que interferisse. Porém, ao olhar o rosto do mestre, ele acenou aos presentes para que não o incomodassem. Bescht estava com os olhos vidrados, quase saltando das órbitas e sua voz emitia sons angustiados, como de uma rês abatida. Mas, depois de umas duas horas, de repente Baal Schem Tov voltou a si e começou a rezar a Neilá, tão rapidamente que não há palavras para descrever tal rapidez.

Ao anoitecer, como de hábito, quando todos foram visitá-lo, encontraram-no alegre, bem disposto. Então, relatou com pormenores o que havia ocorrido naquele dia sagrado:

"Quando eu estava rezando a Neilá, murmurando apenas, consegui vagar pelas alturas, de um mundo ao outro, sem nenhum obstáculo. Quando comecei a dizer a mesma prece em voz alta, também vaguei por lá, até que vislumbrei uma enorme caverna com grandes portões, cuja trilha levava diretamente a D-us! Louvado seja SEU SANTO NOME! Ali existem preces acumuladas de cinqüenta anos atrás, que foram elevadas com as nossas de hoje, por termos rezado com intenso fervor. Perguntei a elas por que ainda não haviam penetrado e a resposta foi que a ordem era me esperar para que eu as introduzisse. Falei então: 'Venham comigo, a porta está aberta!'

"Mas, quando nos aproximamos daqueles gigantescos pórticos, cujo tamanho era tão imenso como o mundo, surgiu de súbito à nossa frente um anjo, com um enorme cadeado, tão grande que equivalia mais ou menos à cidade de Mesebitsch, e que os trancou. Desesperado, forcei o cadeado, tentando abrir, mas meus esforços foram em vão. Desanimado e angustiado, corri a pedir ajuda ao meu Rabi, implorando: 'O povo de Israel está em perigo e nada posso fazer agora porque não me deixam entrar... Se não fosse por tão grave motivo, não insistiria em incomodá-lo!' Ele me respondeu: 'Irei com você, se for permitido eu os abrirei'. Porém, também não conseguiu e disse, triste: 'Que posso fazer mais?' Desanimado, comecei a gritar e suplicar: 'Rabi, por que me abandona neste momento de ángústia?' Ele falou: 'Irei com você à tenda do Messias e quem sabe de lá nos venha auxílio'. Dirigimo-nos para lá e eu estava tão alarmado que fazia grande barulho.

"Ao me ver, de longe o Messias falou: 'Não há necessidade de gritar'. Ele me ensinou dois caracteres, que usei para abrir os portões e assim todas as preces foram também introduzidas. Devido à alegria daquela triunfal entrada, Satã emudeceu. Nada precisei pedir e a sentença foi automaticamente anulada. Dela só restou um sinal e dele havia grande alarido no mundo''.

O Bispo de Kamenetz queimou dois livros do Talmud. O Rabino de nossa coletividade explica que o Bispo forçou um arrendatário a vendê-los por elevado preço e ateou fogo, para nossos pecados; porém, o castigo não tardou, pois, ao voltar para Kamenetz, morreu no caminho.

Houve depois um grande debate com o Bispo de Levov, mas caiu sobre ele o "Pavor da Torá", ao ter conhecimentos do triste fim do seu colega de Kamenetz e por isto deu inteira razão aos judeus. Não perseguiu mais ninguém e nada fez de mal, por isto os adeptos de Shabatai Tzvi — que seus nomes desapareçam para sempre — silenciaram, envergonhados com tão tremenda derrota. Os israelitas conseguiram que, como castigo, fosse feito um sinal que identificasse os "franquistas" a fim de que fossem facilmente reconhecidos, não pudessem ter má influência sobre outras pessoas, nem desviar outros judeus. Assim, o Bispo de Levov decretou que lhes seriam cortadas uma das *peies* e a metade da barba. Para escapar a esta situação embaraçosa, eles se converteram ao islamismo.

Sobre esta ocorrência tão desagradável, Baal Schem Tov comentou: "O Espírito Santo, lamentando diz: enquanto um membro do corpo ainda está vivo, há esperança de curá-lo, porém, quando o cortam, não há mais ajuda". Isto quer dizer que "cada judeu é um membro do Espírito Santo — enquanto estiver, ainda que seja por pouco tempo, ligado a D-us, há sempre esperança; porém, se ele se converter, a esperança também desaparece".

A TRAMA

Os discípulos de Baal Schem Tov tinham por costume reunir-se em sua casa às vésperas de Pessach para, com grande alegria, entoando cânticos, assarem a *matzá*.

Em determinado ano, já estavam, como de hábito, aguardando a chegada do mestre para começar a trabalhar, porém ele ainda estava na Sinagoga, andando de um lado para outro, apreensivo. Esta atitude causou muita estranheza a todos.

Mais admirados ficaram ao ver que Baal Schem Tov, ao sair foi diretamente ao encontro de um sacerdote que passava ao longe. Os dois ficaram a conversar animadamente. Depois se encaminharam, lentamente, sempre conversando, em direção da casa do Rabi Israel, onde este ofereceu um copo de vinho ao visitante, palestrando durante todo o tempo. Na despedida, Baal Schem Tov o acompanhou até a porta. E continuaram a falar entusiasticamente. Assim, o tempo ia passando e já começava a ficar tarde.

Os adeptos aguardavam com ansiedade, aflitos; afinal, quando a visita partiu, Baal Schem Tov disse: — Depressa, vamos assar a *matzá*, já atrasamos demais...

Curiosos, indagaram a razão de tudo aquilo e Bescht esclareceu: — Este padre havia planejado sacrificar alguém e jogá-lo ocultamente, à noite, numa de nossas casas para assim tecer uma infâmia, armar uma calúnia de que os judeus necessitavam de sangue para comemorar esta data. Esta mentira atingiria toda a nossa coletividade. Porém, com paciente e prolongada conversação, com a atenção que lhe ofereci, consegui anular de sua mente tão tenebrosa trama e o fiz desistir dessa infamante intenção.

A LUZ DA TORÁ

Baruch e Ioine, dois irmãos, viviam em Kamenetz. Ambos eram muito ricos e negociavam com gado, que enviavam a diversas localidades. Certa vez, numa dessas viagens de entrega, correu o boato de que alguns ladrões haviam-se apoderado da manada de Ioine.

Baruch, apreensivo, enviou Reb Yossef para consultar Baal Schem Tov a fim de saber o destino de suas reses. O mensageiro chegou na hora da refeição, justamente quando Bescht lavava as mãos e foi convidado a fazer o mesmo e fazer-lhe companhia. Depois de pronunciar a bênção sobre o pão, Baal Schem Tov falou: — Por que não me procuraram antes de iniciar a jornada? Eu teria vigiado e protegido as manadas.

Nesse meio-tempo, Ioine também apareceu lá.

Baal Schem Tov entreabriu um livro, olhou atentamente por alguns momentos, fechou-o e disse: — Vejo que os bois de Baruch não foram roubados.

Incrédulo e curioso, Ioine indagou: — Isso está nesse livro?

O Rabi Israel respondeu calmamente: — Sim, está aqui na Torá. Quando D-us criou o primeiro dia, o mundo podia ser visto de um extremo ao outro. Entretanto, prevendo que surgiriam pessoas maldosas, guardou esta luz esplendorosa para evitar que grandes crueldades acontecessem. Consta que, para melhor esclarecer, o Eterno guardou esta luz e não está escrito que ELE a tirou, do que deduzimos que na realidade ela ainda está no mundo, mas escondida destas pessoas ruins. Porém, onde foi que D-us a escondeu? Terá cavado um buraco para encobri-la? Não. Fique pois sabendo que ELE a ocultou na suntuosidade da Torá. Por isso, aquele que merece perceber esta claridade contida na Torá, pode também, nos tempos atuais, ver o Universo de um pólo a outro. No esclarecimento concepcional de que D-us guardou esta luz para os Justos, para o futuro, devemos compreender que é para os Justos de cada geração.

Ioine agradeceu e partiu. Os bois de seu irmão, de fato, não tinham sido roubados, confirmando-se assim o que Baal Schem Tov havia dito.

APARIÇÃO DO MAGUID RABI YOSSEF APÓS A MORTE

Rav Yossef Daitch morava em casa de Baal Schem Tov e quando findava o sábado lia para o mestre o livro *Olho de Jacob*. Era interrompido por ele, que interpretava e analisava alguns trechos, de modo especial, todo seu. Numa destas vezes, de repente, em meio à leitura, entrou na sala o *Maguid* de Mesebitsch, Rabi Yossef, que havia falecido havia nove meses. Surgiu de roupas sabáticas, com o chapéu e a bengala que costumava usar. Disse bem alto: — Desejo-lhe uma ótima semana, Rabi. — E caminhava naturalmente como se ainda estivesse vivo.

Diante daquela imagem tão conhecida, Rav Yossef Daitch começou a tremer de medo e o livro caiu-lhe das mãos. Imediatamente, Baal Schem Tov fez um gesto com a mão sobre o seu rosto e ele não viu mais o morto; disse-lhe também: — Fique afastado, pegue uma das velas. (Em casa do Rabi Israel estavam constantemente acesas duas velas

— só duas, dizia ele, são boas para a vista — nem três e tampouco uma.)

O discípulo obedeceu e ficou observando Baal Schem Tov a conversar com o *maguid* durante meia hora, mas nada ouvia. Depois o mestre chamou-o para continuar a leitura que havia sido suspensa temporariamente e no meio aparteou: — Por que você se assustou ? Você o conheceu, sabe muito bem que grande Justo ele era, e agora, com certeza é um Justo muito superior ao que foi ! Você terá ficado com medo, pensando que ele vinha buscá-lo ?

Assim Baal Schem Tov prosseguiu, falando calmamente e esclarecendo o aluno. Este perguntou então: — Com que merecimento me foi permitido vê-lo ?

O mestre respondeu: — Foi devido a esta leitura e minha interpretação. Com minhas palavras eu purifiquei sua mente até chegar a um plano elevado. Se você tivesse fortalecido sua mente, dominando o terror, ouviria o que falávamos e teria possibilidade de perguntar o que quisesse, ele lhe responderia; você o conheceria melhor e o veria sempre.

PROLONGANDO A VIDA DE UMA CRIANÇA

Numa de suas viagens, Baal Schem Tov recebeu o aviso de que deveria dirigir-se a certa cidade e hospedar-se em casa de determinado cidadão. Porém, ao chegar lá, não quiseram atendê-lo nem deixá-lo entrar, porque o filho do casal estava muito mal. O mestre mandou seu escriba insistir mas a mãe do menino, muito nervosa, negou-lhes hospedagem, gritando que a criança estava nas últimas, xingou aqueles viajantes intrusos, rogando-lhes pragas. Mas, não querendo ser tão grosseiro quanto a esposa, o marido foi até a carruagem, explicando: — Temos uma preocupação séria e angustiante, por isso não podemos recebê-los.

Entretanto, Baal Schem Tov, não se conformando com a recusa, continuou teimando em ser recebido. O proprietário argumentou sobre a grave moléstia do garoto, até que por fim o Rabi Bescht jurou que salvaria a criança, se o deixassem ficar.

Foi então primeiro à *Mikvá* e ali teve consciência de que realmente o caso do menino era gravíssimo.

No quarto do doente, pediu a todos que se retirassem e disse ao escriba que só viesse quando o chamasse para trazer-lhe o vinho para a bênção, pois era véspera de sábado. Ficou a sós com o enfermo, rezou a Min-há e permaneceu em "Schmone Esré" até o anoitecer. Como estivesse demorando muito, o escriba, receoso com sua profunda meditação e temendo que enfraquecesse devido à intensa vigília, abriu cuidadosamente a porta, sem fazer barulho. Ouviu que Baal Schem Tov falava energicamente à alma do menino: — Volte já ao corpo... porque, se não o fizer agora, vai ser obrigada a voltar, quer queira quer não.

Cautelosamente, o escriba retirou-se, mas, não conseguindo dominar sua curiosidade, entreabriu de novo a porta. Viu então o mestre estirado no chão. Em seguida, Baal Schem Tov se levantou e falou: — Eu avisei que você seria obrigada a voltar ao corpo.

Depois gritou: — Hirsch, traga o vinho para a bênção.

Bescht ceou com os pais do doente e passou toda a noite acordado. Na manhã seguinte, deixou os remédios com o escriba, recomendando como deveria tratar o enfermo e foi à Sinagoga rezar.

Vendo a melhora do filho, a mãe arrependida se pôs a chorar, clamando perdão por haver ofendido um Justo que só procurava fazer o bem, mas o escriba, com muita paciência, acalmou-a explicando que seu Rabi era muito bondoso e com toda certeza a perdoaria. Quando voltou, Baal Schem Tov percebeu que a mãe chorava. Tranqüilizou-a e ordenou que preparasse uma ceia especial, prometendo-lhe que o filho estaria presente.

Esta criança viveu mais de sessenta anos, com saúde e teve muitos filhos, tudo graças à persistência do Rabi Israel em insistir para que a alma retornasse ao seu corpo.

CALOR NO INVERNO

Num inverno rigoroso, Baal Schem Tov e seu escriba retornavam de Kamenetz em sua carruagem, seguidos por outra pertencente ao Rav Baruch, morador naquela cidade. O mestre avisou que em determinado local, distante dali algumas milhas, parariam para rezar a Min-há. Todavia, o frio era tão intenso que chegava a queimá-los. Responderam que não era possível chegar até lá porque, além de estarem muito longe, não tinham condições por estarem completamente enregelados. O cocheiro comentou que estava congelado.

Nesse momento, atravessavam uma densa floresta e Baal Schem Tov ordenou que parassem. Tocou com o dedo numa árvore e ela pegou fogo, transformando-se numa espécie de lareira que aqueceu a todos. O cocheiro aproveitou para tirar as botas e esquentar os pés. A claridade da fogueira era tão intensa que podia ser observada a longa distância.

Ao partirem, recomeçando a jornada, Rav Baruch quis olhar para trás e ver como tinha ficado aquela árvore, mas Baal Schem Tov não deixou. Assim conseguiram chegar a tempo para rezar a Min-há justamente no local que o mestre havia marcado anteriormente.

O ESPERTO LADRÃO

Certa vez, chegou a Breslav um abastado comerciante conduzindo uma carreta cheia de mercadorias, muito bem acondicionadas em barris arqueados com tiras de aço. Confiante, o proprietário retirou os cavalos, deixando-a na rua e pensando: "É impossível que alguém ouse roubar tão pesada carga".

Todavia, estava completamente enganado. À noite, apareceu um esperto ladrão que atrelou nova parelha, levando a carreta para um ótimo esconderijo. Pela manhã, notando sua falta, o comerciante enviou mensageiros a todos os lugares. Fizeram barreiras nas estradas para ver se a localizavam mas os esforços foram infrutíferos.

O ladino gatuno escondera a carreta numa floresta por três dias e três noites, esperando pacientemente que todos desistissem da busca, para poder fugir com o importante produto do roubo.

Através de um mensageiro, o negociante enviou uma carta ao Baal Schem Tov, relatando o que havia acontecido. O portador chegou no momento exato em que o mestre estava tocando a *mezuzá* prestes a partir para Drozne, onde ia ser o "mohel" (judeu religioso profissional especialista em operar circuncisão) numa cerimônia. Cientificando-se do conteúdo, disse ao entregador: — Espere-me até eu voltar.

Bescht pernoitou no caminho e pela manhã, quando já se aproximava da cidade, viu, ao longe, vindo por outra estrada, um veículo. Fez um comentário ao seu escriba: — Veja, lá está a carreta roubada. Quando chegarmos, quero que você vá localizar a estância onde ela estiver e dizer ao condutor que ele é um ladrão.

O escriba procurou e achou a estância, mas, quando foi falar com o responsável, encontrou-o a rezar, como se fosse o mais santo dos homens. Pareceu-lhe ser uma pessoa honesta e não teve coragem de transmitir o recado. Voltou sem nada ter resolvido.

Então, Baal Schem Tov mandou Rav Yankel, explicando como devia agir. Quando ele chegou lá, encontrou o suposto ladrão: lavando as mãos para comer. Observou que não era a refeição de um ladrão: era apenas uma rosquinha com um pouco de manteiga e um pequeno gole de pinga. Duvidando, titubeou e nada disse. Quando voltou com sua narrativa, o mestre gritou: — Volte lá imediatamente e repita tudo que lhe contei. Senão, ele partirá logo e a carreta com os valores estará perdida para sempre.

Armando-se de coragem, o discípulo voltou ao local, relatando tudo conforme as instruções do mestre: que o ladrão ficara escondido na floresta durante três dias e quais os lugares em que havia pousado até chegar àquela localidade. Quando Rav Yankel terminou a narração, o ladrão, estarrecido e apavorado, confessou tudo e disse: — Leve embora a carreta com tudo que contém.

Baal Schem Tov pediu ao estalajadeiro que colocasse vigilantes para cuidar dela e das mercadorias, até que o legítimo dono viesse buscá-las, o que aconteceria assim que o mensageiro lhe entregasse a resposta esclarecendo o seu destino.

Quando, após o ritual da circuncisão, todos se sentaram à mesa para o almoço comemorativo, lá estava também o astuto gatuno. Levantando-se, dirigiu-se ao Rabi Israel: — Sua atitude, Rabi, me causa muita estranheza. Quando eu era garoto, meu Rabi me batia para que eu não desviasse o olhar e a atenção do Livro de Orações. Se o fizesse, não saberia seu conteúdo. E o senhor que teve o dom de ver que eu roubei e certamente pode perceber coisas superiores, muito mais elevadas, viu algo tão baixo e sórdido.

Baal Schem Tov sentiu-se feliz com aquelas palavras sinceras; interpretou trechos da Torá, que se relacionavam com elas, com tanto êxtase que as suas palavras se prolongaram até a hora de dizer Min-há. Também não deixou de presentear aquele esperto ladrão, que se corrigiu, tornando-se um de seus fervorosos adeptos.

CILADA PARA A IRMÃ

Nos arredores de Mesebitsch havia uma estalagem dirigida por uma mulher que mantinha relações com um camponês, conforme visualizou Baal Schem Tov. Propagaram-se rumores sobre aquele caso amoroso e logo seus dois irmãos vieram a saber. Ficaram muito preocupados, temendo que a irmã, por esse motivo, abandonasse o Judaísmo. Depois de muito pensar, combinaram uma cilada: um deles a convidaria para vir à sua casa na aldeia e o outro também apareceria como por acaso. Em seguida a eliminariam do mundo, para evitar que houvesse maiores vergonhas.

Nessa mesma noite, Baal Schem Tov se encontrava sentado, como de hábito, frente às costumeiras duas velas. De repente uma delas se apagou, ele tomou a outra para acendê-la. Porém, novamente aquela se apagou e ele ouviu uma voz a dizer: "Malfeitor — como usas duas Velas?"

Ficou atônito, mas depois meditou, aprofundando-se e tomando conhecimento do plano que os dois irmãos haviam arquitetado. Rápido, pegou o cavalo mais veloz e cavalgou o mais depressa possível até a aldeia e chegou bem a tempo de impedir que se concretizasse o horrendo crime.

Assim, depois disso a moça compenetrou-se de seus erros e se transformou em piedosa benfeitora. É impossível descrever com simples palavras sua imensa bondade.

TROCA DE CHAPÉUS

Um negociante de tecidos, morador em Mesebitsch, mandou certa vez seu filho a Breslav para comprar mercadorias. Este, porém, estava demorando mais tempo do que habitualmente. Os pais estavam muito preocupados e a mãe começou a insistir com o marido para que fosse procurar Baal Schem Tov a fim de perguntar o significado daquela falta de notícias. Mas ele não quis atender ao pedido, pois era contrário às idéias do mestre. Todavia, como o atraso se prolongasse demais e sob a insistência de sua esposa, ele resolveu falar com o Rabi Israel.

Entrou em casa dele, rindo e caçoando: — Minha esposa afirma que o senhor sabe onde está o nosso filho.

Com o cachimbo na boca, Baal Schem Tov respondeu: — Vejo que ele ainda está em Breslav, usando um chapéu moderno, como é costume dos comerciantes de lá. Quando um negociante fecha negócio com outro, trocam os chapéus.

O pai, incrédulo, fez uma anotação do dia e da hora da informação.

Quando o rapaz voltou, perguntou-lhe se era verdade que naquele dia e hora acontecera a troca dos chapéus, o que o filho confirmou. Perguntou então ao rapaz por que não havia escrito uma carta dando notícias. Ele explicou que havia aparecido um bom comprador e fora preciso entregar os tecidos em seu domicílio, noutra localidade, onde não havia serviço de correios. — Demorei-me ali um pouco porque achei mercadorias originais por ótimo preço, que levei para vender em Breslav.

Este mesmo negociante, depois de algum tempo, precisava ir a Sedei-Lovon, mas desistiu por estar com medo, porque se comentava que havia assaltantes naquela estrada. Então sua esposa o aconselhou: — Dê uma gratificação ao cocheiro do Baal Schem Tov para avisá-lo quando forem viajar por ela, assim você terá companhia, proteção e tranqüilidade.

Ele obedeceu e no devido tempo sua carruagem seguiu atrás da do Baal Schem Tov.

Quando chegaram ao ponto identificado como o antro dos bandidos o mestre ordenou que desatrelassem todos os cavalos e os pusessem a pastar. O negociante estava apavorado, sem nada compreender. Baal Schem Tov mandou colocar uma carruagem defronte da outra, sentou-se no meio delas e ficou calmamente lendo o Zohar. Os assaltantes saíram da floresta, foram chegando perto, porém ocorreu algo inesperado: ficaram tomados de tão grande pavor, puseram-se a tremer e não conseguiam dar um passo à frente. Desistiram do assalto, voltaram para o local de onde haviam surgido, comentando entre si: — O que será isto? Por que ficamos com tanto medo? Vamos voltar lá de novo.

Assim o fizeram, mas não conseguiram aproximar-se, pois o terror e o tremor voltaram, apoderando-se deles e impedindo-os de prosseguir em seu intento. Foram retrocedendo e dizendo: — Isto é algo fora do comum, está acima de nossas forças. É algo sobrenatural, não sabemos o que é, será melhor desistirmos de vez. — E correram, refugiando-se na floresta.

O comerciante, pasmo, mal acreditava no que havia visto e com grande demonstração de alegria, começou a abraçar e beijar Baal Schem Tov, falando: — Hoje tive mais provas de quem é o senhor.... Agora já sei.

A PIEDOSA MULHER

Quando Baal Schem Tov estava chegando à cidade de Satinov, vislumbrou uma intensa luminosidade. Provinha de uma mulher e a envolvia por completo.

Veio a seu encontro uma comitiva para recepcioná-lo e ele disse:
— Vocês deviam envergonhar-se, pois vi um imenso clarão encobrindo totalmente uma mulher e não um homem.

Em seguida indagou: — Digam se a conhecem ? Sabem quem ela é ?

Como resposta, ouviu: — Deve ser a piedosa Rivale.

Como o Rabi Israel, ansioso por conhecê-la, pretendesse mandar chamá-la, explicaram-lhe que não havia necessidade, pois com toda certeza ela viria logo procurá-lo para pedir uma ajuda monetária, pois se dedicava de corpo e alma à caridade e às boas ações.

No dia seguinte depois da reza, Baal Schem Tov viu-a aproximar-se e falou: — Ela pretende pedir-me quarenta moedas de prata; vocês verão o que vou fazer.

Rivale foi entrando e falando: — Há muitos pobres e doentes aqui. Peço-lhe que me dê uma ajuda substancial.

O mestre deu-lhe uma pequena moeda, mas ela não a aceitou e permaneceu calada. Então, ele pegou outra igual e o resultado foi o mesmo. Então ele falou: — Quem a nomeou responsável para angariar e roubar contribuições ?

Ela continuava surda e muda, completamente indiferente e não foi embora enquanto Baal Schem Tov não lhe deu as quarenta moedas de prata, como pretendia.

À tarde, ela voltou a procurá-lo e disse: — Há um senhor passando mal. Por favor, reze por ele.

Baal Schem Tov informou: — Ele se afastará deste mundo como pecador, seu fim está próximo.

Ela, curiosa, indagou: — Quem lhe afirmou isso ?

Bescht, dirigindo-se aos presentes, perguntou: — Eu falo a verdade ?

Todos responderam: — Sim.

Ela, com insistência, retrucou: — Por acaso eles assistiram a esse julgamento ? Na verdade, esse doente é um grande ignorante e por isto nada sabe sobre o erro do pecado. Se soubesse que estava agindo erradamente, com certeza nunca teria pecado

Muito contente, Baal Schem Tov explicou: — Lá no Alto me mostraram a sentença sobre ele. Troquei-a de propósito para que a senhora intercedesse. Sua defesa foi ouvida e aceita, de modo que ele ficará completamente curado.

Quando Rivale visitava o túmulo do marido, dizia: — Herschel, Herschel, vá até o Trono Divino e peça que nossos filhos sejam humildes e nunca se afastem do caminho de D-us.

Certa vez, numa quinta-feira, os dois filhos, Isaac e Yossef, vieram visitá-la para passarem juntos o sábado e assim cumprir a *mitzvá*: honrarás a Mãe. Os conterrâneos foram lá para homenageá-los, sentindo-se atraídos por forte amizade e relembrando os tempos de infância.

Na véspera do sábado, pela manhã, Rivale preparou um lauto almoço e todos ficaram reunidos, a conversar.

De repente, ela falou solenemente: — Filhos, quero pedir-lhes um favor especial e gostaria que prometessem cumprir fielmente minha vontade.

Eles responderam que tudo fariam para atender ao pedido, mas se admiravam de sua desconfiança em exigir uma promessa e de seu temor de ser desobedecida. Insistiram em não empenhar sua palavra, mas garantiram que atenderiam ao pedido. Ela disse: — O que quero é muito doloroso e receei que recusassem, mas agora sei que tudo farão por mim. Peço-lhes que partam sem demora, para não ficarmos juntos no sábado. D-us — SEU nome seja louvado — me concedeu filhos para me darem alegria no outro mundo, não neste. É esta a razão do meu pedido.

Os rapazes disseram: — O único empecilho que poderá surgir serão os nossos amigos que talvez tentem nos prender aqui.

Ela explicou: — Não haverá problemas, mandem a carruagem para fora da cidade e eu os levarei pelos fundos para que não sejam vistos.

Assim fizeram.

Agora compreendemos a razão de Baal Schem Tov ter visto sobre ela tamanha luminosidade. Existe por acaso no mundo outra mulher de alma tão profundamente nobre?

UM HOMEM DE SORTE

Havia em Polaine um abastado negociante que se sentia feliz por fazer favores ao Baal Schem Tov. Costumava vender-lhe fiado farinha e peixe. Pouco antes de falecer fez um pedido especial ao mestre para que cuidasse de Motel, seu filho único. Este, ora estava bem de vida, ora perdia tudo. Após algum tempo da desencarnação do pai, ficou quase sem nada. Só lhe restou uma casa.

Baal Schem Tov, cumprindo a palavra, avisou: — Da Casa Feudal vão propor-lhe que alugue a estalagem. Mesmo que o procurem diversas vezes, só vá até lá quando vierem buscá-lo com a carruagem.

Começaram a surgir muitos pretendentes, mas a duquesa não quis fechar contrato com nenhum deles. Esperava que Motel aparecesse pois havia mandado chamá-lo algumas vezes. A desculpa que ele dava é que estava doente das pernas.

Certo dia, porém, ela enviou a carruagem. Então ele foi conversar e saber por que o procuravam. Ao ficar ciente de que lhe ofereciam a estância para alugar, respondeu: — Como posso aceitar essa proposta se não tenho sequer capital para destilar o álcool e fazer aguardente?

Ela lhe ofereceu, gentilmente, uma ótima ajuda com o fornecimento do cereal. Assinaram o contrato, ficando a duquesa contente.

Trabalhando com afinco, Reb Motel chegou a ganhar doze centenas de moedas de ouro e sentiu-se realizado. Baal Schem Tov, porém, novamente o advertiu: —'Procure não negociar com gado.

Mas desta vez Motel, cego e surdo aos bons conselhos, desobedeceu, comprando grandes manadas que aos poucos foram desaparecendo. Perdeu tudo, ficou na mais completa miséria, depois passou por períodos alternados de boa e má sorte, sem conseguir firmar-se.

Cada vez se afundou mais nas dívidas e chegou a dever cerca de treze centenas de moedas de ouro, sem ter com que saldar. O credor, impaciente, ao ouvir falar de sua situação, ameaçou matá-lo.

Ao ter conhecimento desta ameaça, Motel, assustado, foi refugiar-se na casa de Baal Schem Tov. Lá passou Rosch Haschaná e Yom Kipur. No dia seguinte a este, Bescht o convidou a irem juntos à *mikvá* e logo depois disto o mestre falou: — Pode voltar para casa. Fique tranqüilo, não tenha medo e nada acontecerá.

Embora estivesse muito agoniado e apreensivo, ele voltou. Estava sentado diante da janela fumando seu cachimbo quando viu uma enorme multidão dirigir-se à cidade. Aquelas pessoas percorreram diversas estalagens, mas não satisfeitas voltaram para hospedar-se na de Motel.

Ele não poupou esforços para tornar agradável a permanência dos hóspedes, que eram uns quarenta viajantes. Caprichou na arrumação dos quartos, esmerou-se na comida e até pediu emprestado ao vizinho dois barris de aguardente, que logo foram consumidos. Com o lucro comprou outros e os hóspedes tão satisfeitos ficaram com aquela calorosa acolhida que encomendaram um barril para levar na viagem. Tornaram a voltar para pernoitar e assim sucessivamente por várias vezes, até que

Motel verificou já ter em caixa quase toda a importância do débito. Quando faltavam só duas moedas para completar a quantia exata, um dos rapazes precisou voltar e deu-lhe o lucro do restante numa nova aquisição.

Na data do vencimento o credor apareceu para cobrar a conta, certo de que nada receberia, porém ficou surpreso ao verificar que Motel já havia preparado o pagamento. Tão satisfeito ficou que não quis receber o dinheiro oferecendo-o para que o usasse e pagasse quando quisesse. Explicou então que ouvira dizer que Motel nada tinha para lhe dar. Porém Motel agradeceu tanta bondade e confiança e recusou a gentileza, temendo que a sorte não se repetisse.

Baal Schem Tov explicou: — Sorte quem teve foi o seu credor, Motel, pois, com esta ajuda que D-us deu a você, ele continua vivo. Porque, apesar de querer matá-lo, era ele quem iria morrer.

A TORÁ IMPURA

Mostraram ao Baal Schem Tov uma Torá que por diversas vezes fora corrigida, e sempre apareciam novos erros.

Ele explicou: "Com o dinheiro acumulado em coletas nas 'caixinhas' das mesas de jogo, o proprietário daquele cassino doou esta Torá. É por esta razão que ela não pode conservar-se eternamente".

A NOTÍCIA

Uma pessoa, que esperava pelo Rabi Guerschon em sua casa, ouviu sem querer, na sala ao lado, o filho do Rabi contando à sua mãe uma impressionante notícia: que o boticário havia sido preso.

O Rabi ia chegando e também escutou aquele comentário, respondendo: — É interessante, o meu cunhado, Rabi Israel, me avisou que isso iria acontecer. Depois da oração, quando estava recapitulando e estudando um trecho do Talmud, ele me perguntou: "Sabe o que você leu ?" Pensando que se tratasse da interpretação do tema, respondi que sabia. Ele então me explicou: "Você meditou e estudou duas coisas novas. Você tem dois inimigos, com um deles você fará as pazes mas o outro terá um trágico fim".

O Rabi Guerschon continuou: — Quando fui, como de costume, fazer os cumprimentos à coletividade, ao passar pela casa de um desses inimigos, este mandou o genro me convidar para entrar. Fizemos as pazes, ele me pediu desculpas. O outro era este boticário cuja história, comentadíssima em toda a cidade, fiquei sabendo e também que terá um trágico fim.

Para nós, isto é mais uma prova de que Baal Schem Tov previa os acontecimentos; bastava que ele observasse o que aconteceria ao ledor durante aquele ano, através de qualquer tema dos livros de estudos.

O COSTUME

Quando Baal Schem Tov retornava de alguma viagem, tinha o costume de não guardar nenhum dinheiro: pagava todas as dívidas e o que sobrasse era distribuído entre os necessitados. Se no dia seguinte precisasse para as despesas, preferia pedir emprestado.

Certa vez, ele trouxe uma quantia bastante elevada. Depois de acertar o pagamento das contas, repartiu entre os pobres e, como ainda havia alguma sobra, pediu aos discípulos que procurassem localizar pessoas necessitadas. Mas sua esposa resolveu guardar um pouco de dinheiro com o fito de não precisar fazer empréstimos por vários dias.

Mas nessa mesma noite Baal Schem Tov sentiu que algo lhe dificultava concentrar-se nos trechos que estudava; deduziu que a causa principal devia ser a existência de algum dinheiro em casa. Reuniu todas as pessoas da casa e pediu que aquele que tivesse guardado parte da importância que confessasse e a entregasse. Sua esposa obedeceu e explicou o motivo de haver ficado com o dinheiro. Baal Schem Tov mandou distribuí-lo o mais rápido possível.

PROTEGENDO UM NECESSITADO

Baal Schem Tov precisava seguir viagem com urgência, mas embora a carruagem já estivesse pronta com os cavalos atrelados, desistiu e resolveu esperar que anoitecesse para fazer as preces da consagração da lua nova. Em companhia de um discípulo que não o deixava um minuto, seguiu pela estrada afora e se afastou da carruagem para poder dizer aquela prece tranqüilamente.
Seu acompanhante a todo instante queria olhar para trás, mas o mestre não permitia, distraindo-o com perguntas.
Ele agia assim por saber que um indivíduo muito pobre, que não possuía nada para o sustento do sábado, estava roubando os arreios da carruagem. Terminada a prece, o cocheiro percebeu o roubo e começou a gritar.
Calmamente, Baal Schem Tov disse: — Tome o dinheiro e vá resgatar os arreios onde foram penhorados.

SALVANDO DE UM AFOGAMENTO

Em Velha Constantin morava um dos discípulos de Baal Schem Tov que, por não ter filhos, muito se martirizava. Pedia sempre ao mestre que o ajudasse, mas ele se esquivava, mudava de assunto. Certa vez, porém, depois de muita insistência, o Rabi Israel lhe assegurou que o almejado filho iria nascer, mas pediu que fosse avisado do acontecimento imediatamente. Assim que veio ao mundo o tão esperado menino, o pai, muito feliz, correu a comunicar a boa nova ao Baal Schem Tov, que a recebeu tristonho e com os olhos marejados de lágrimas.
Assustado, o pai quis saber a causa de tamanha tristeza e Bescht explicou: — Infelizmente, visualizo seu filho morrendo afogado, quando completar treze anos, justamente no dia de seu Bar Mitzvá. — Há entretanto uma possibilidade de salvá-lo, — continuou Baal Schem Tov, — se vocês juntos o vigiarem nesse dia, evitando que se aproxime do rio para nadar. Esta precaução só será rigorosa e indispensável na data marcada, depois não haverá mais perigo. O que me causa apreensão é que, com o correr dos anos, esta recomendação cairá no esquecimento e

no dia marcado seu filho será atraído para a água. Embora atualmente eu tenha a sua promessa de constante vigilância, para maior proteção vou fazer-lhe um lembrete: nesse dia, ele calçará as duas meias num só pé, distraidamente, e ficará procurando por toda a casa sem a encontrar. Advirto que avise sua esposa e todos os da casa para que tenham todo o cuidado em mantê-lo longe da água. Que usem a força, se for preciso. Caso contrário, ele se afogará.

De fato, como Baal Schem Tov havia previsto, com o passar dos anos os pais se esqueceram por completo das recomendações. No dia do Bar Mitzvá, o pai saiu cedo e foi à Sinagoga, deixando o filho ainda a dormir; mas ao voltar viu que o rapaz procurava alguma coisa em todos os cantos da casa. Interrogado, o rapaz respondeu que era o pé de meia que havia perdido. De relance, o pai viu que ambas as meias estavam num só pé e imediatamente lhe vieram à mente as instruções dadas pelo Baal Schem Tov. Alertou a todos, passou a vigiar o rapaz para evitar que fosse nadar no rio, além de o proibir energicamente.

Como o calor estava fortíssimo, o rapaz conseguiu burlar a vigilância e correu diretamente para o rio. Mas o pai, alerta e aflito, logo percebeu a ausência do menino, apressando-se em buscá-lo à beira do rio. Chegou no momento exato para impedir que entrasse na água. Trouxe-o de volta à força, quase arrastado, trancou-o no quarto e para maior segurança pôs um cadeado na fechadura e guardou as chaves consigo. O garoto, desesperado, passou o dia gritando: — Pai, tenha pena de mim, não estou suportando o calor, deixe-me sair e ir nadar; por favor...

Mas o pai, dominando seus sentimentos, fez-se de surdo e não cedeu.

Em casa, o menino preso no quarto se cansou de gritar e implorar. Perdeu a vontade de nadar, deitou-se e adormeceu, só acordando no dia seguinte, quando todo perigo já havia passado.

Desta época em diante, teve uma vida perfeitamente normal. Tornou-se um belo e forte rapaz, muito estudioso e ótimo filho.

O NEGOCIANTE

Não muito longe de Mesebitsch morava um próspero negociante, sábio e estudioso, cuja principal ocupação era a de viajar pelas grandes cidades, como Leipzig, para fazer compras.

Como não tivesse filhos, aconselharam-no a pedir a bênção de Baal Schem Tov, mas não aceitou o conselho, por não ser crente.

Certa vez, precisou ir a Mesebitsch a negócios e hospedou-se em casa de um amigo íntimo, que não via há muito. O amigo, feliz com sua visita, recebeu-o amavelmente e perguntou sobre sua vida. Respondeu-lhe que tudo ia bem, seu único aborrecimento era não ter filhos.

Diante da insistência do anfitrião para que procurasse o Baal Schem Tov, foi sincero, declarando ser incrédulo. Mesmo assim, após algumas palavras compreensivas, resolveu acompanhar o amigo até a casa do Rabi Israel, onde prometeu que exporia o seu caso.

Baal Schem Tov, então, lhe disse: — Se você me obedecer, sua esposa terá um menino ainda este ano. As instruções são estas: abandone seus negócios, liquide tudo e alugue a estalagem que pertence ao *puretz* da sua cidade; quando o menino nascer, avise-me.

O negociante não acatou aquelas ordens, por saber que o senhorio era um fanático anti-semita e havia mais de quinze anos não alugava nenhuma de suas propriedades a judeus. Quando voltou para casa, já tinha esquecido aquele assunto.

Mas no dia seguinte ao de sua volta, ao entardecer, quando pretendia atravessar a rua, viu dois cavalos em louca disparada, um já livre das rédeas fugia e o outro arrastava a carruagem que estava quase tombando. Dentro, uma pessoa gritava desesperadamente por socorro. Corajosamente, avançou para controlar o animal, dominou-o, endireitou a carruagem e, espantado, verificou ter salvo o senhorio. Este, gratíssimo, perguntou-lhe de que maneira poderia retribuir-lhe. Lembrando-se então do conselho de Baal Schem Tov, o negociante pediu que lhe alugasse a estalagem, o que foi aceito imediatamente. Em seguida, ele providenciou a liquidação de todos os seus negócios, seguindo à risca as instruções recebidas. Ainda não havia decorrido um ano desde que moravam na estalagem, sua esposa teve um menino; entretanto, o negociante esqueceu-se por completo de cumprir a última recomendação de avisar Baal Schem Tov.

A criança deu muito trabalho durante o crescimento e quando adulto enveredou por maus caminhos, dando aos pais tantos aborrecimentos e vergonha, que eles se arrependeram de ter pedido para pô-lo no mundo.

Precisando ir a Mesebitsch, o negociante foi até a casa do seu velho amigo, onde, com o coração despedaçado, desabafou todas as mágoas.

— Lembro-me de que naquela ocasião Baal Schem Tov recomendou que quando a criança nascesse você deveria avisá-lo; você o fez?

— É verdade, esqueci-me completamente.

— O que passou é passado, vamos já falar com o Baal Schem Tov.

Depois de ouvir um relato completo, Bescht afirmou: — Aconselho-o a vender tudo que há na estalagem: aguardente, cereais, mantimentos, enfim todos os seus pertences. Volte a Leipzig e comece novamente a negociar e a fazer suas viagens de cidade a cidade, durante um ano. Ao fim desse ano, quando voltar, encontrará seu filho completamente mudado, estudioso e dedicado à Torá.

O negociante obedeceu religiosamente as instruções, vendeu tudo e viajou para Breslav, onde aos poucos comprou mercadorias. Foi feliz e obteve bons lucros na venda. Assim se passaram quatro meses e ainda faltavam oito para cumprir a penitência. Como naquela cidade não havia mais campo para seus negócios, comprou mercadorias, contratou um empregado para ajudá-lo e tomou o caminho de Leipzig.

No meio da viagem, desviaram-se da estrada, perderam o rumo e ficaram a rodear pela floresta procurando orientação. O negociante resolveu parar numa clareira e disse ao empregado: — Fique aqui vigiando, enquanto vou ver se encontro uma saída.

Quando se afastou cerca de um quilômetro daquele local, deparou com uma casinha; olhou pela janela e viu velas acesas em castiçais de prata, sobre a mesa, deduzindo que se tratava com certeza de uma casa judia que se preparava para receber o sábado. Ouviu a voz de alguém a rezar, entrou, pois a porta estava aberta, e viu um senhor idoso, de longas barbas brancas, muito bonito, com um olhar meigo e bondoso; ao seu lado um rapaz, decerto seu empregado. O ancião orava com grande alegria e, ao terminar, o rapaz trouxe o vinho para o *Kidusch*, como também excelente comida.

O ancião convidou o hóspede para sentar-se à mesa do jantar e ordenou que fosse arrumada uma cama para que ele repousasse ali naquela noite. No dia seguinte, continuaram guardando e respeitando juntos o sábado. Após a prece do término do sábado, ao anoitecer o velho se dirigiu ao comerciante perguntando-lhe como havia chegado até ali. Então o ancião propôs comprar toda a mercadoria, mas comunicou que pagaria a metade à vista e a outra parte dentro de alguns meses em Leipzig. Um pouco apreensivo com aquela proposta, o negociante resolveu assim mesmo fechar o negócio. Os empregados trouxeram tudo e, de acordo com o combinado, o velho pagou a metade e pela outra recebeu uma duplicata assinada simplesmente: "Yoine". Orientou os visitantes sobre o caminho certo para Leipzig e os dois aproveitaram para seguir durante o dia, com a carroça completamente vazia. Ao anoitecer, quase na entrada da cidade, foram assaltados por um bando de malfeitores, que ao verificarem nada haver para roubar, deixaram que prosseguissem a viagem.

Em Leipzig, só por curiosidade procurou obter informações sobre "Yoine", mas ninguém soube dizer coisa alguma; porém, ele não se preocupou, ficou tranqüilo, pois compreendeu que o que havia acontecido com o assalto na estrada havia sido um verdadeiro milagre.

Findo o ano, terminados os preparativos para voltar a casa, já viajava pela estrada, quando, nas cercanias de Leipzig, surgiu o bondoso ancião Yoine, que veio ao seu encontro: — Você me reconhece? Vim pagar-lhe a outra parte da mercadoria que comprei.

Entregou-lhe o dinheiro e recebeu a duplicata. Ao despedir-se, o velho falou: — Já que você está voltando ao seu lar, recomendações minhas ao Baal Schem Tov.

O negociante perguntou: — Em nome de quem devo dar as lembranças?

— Diga-lhe somente que foi Yoine — é o bastante, ele saberá.

Ao chegar, o negociante teve a grande alegria de verificar que o filho estava completamente mudado, tornara-se estudioso, obediente e respeitador. Passados alguns dias, foi a Mesebitsch para agradecer ao Baal Schem Tov, ansioso para contar-lhe todos os feitos maravilhosos daquele ano, e quando transmitiu as saudações do velho Yoine, o mestre, sorrindo perguntou: — Sabe quem é ele? Yoine Ben Amiti — um de nossos magnânimos profetas — que Sua Graça nos proteja.

OS TRÊS IRMÃOS

Numa localidade próxima de Mesebitsch moravam três irmãos, dos quais dois eram discípulos de Baal Schem Tov e o visitavam assiduamente; o mestre sempre perguntava pelo terceiro, apesar de saber que ele era contrário ao seu movimento religioso. Em certa ocasião, o rapaz adoeceu gravemente, ficou completamente paralisado, sem poder pronunciar uma só palavra.

Justamente nessa época, Baal Schem Tov se encontrava naquela cidade e os dois foram vê-lo, como de costume. Ao saber da doença do irmão, Bescht prometeu ir visitá-lo e escolheu a sexta-feira para fazê-lo. Ao chegar, após verificar o ambiente, perguntou aos dois discípulos se poderia rezar e passar o sábado com eles. Os dois irmãos concordaram, explicando que, se o terceiro estivesse em estado normal, faria oposição, mas, no precário estado em que se achava, nada poderia fazer.

Baal Schem Tov ordenou que trouxessem a Torá; rezaram sexta à noite e sábado até o meio-dia; ao término daquelas orações, vieram informá-los de que o doente havia piorado muitíssimo e estava quase nas últimas.

Todos correram para o quarto e Baal Schem Tov sentou na cama, ao lado do enfermo, tocando-o levemente com os dedos e perguntando: — Você estudou a Guemará? O rapaz não respondeu. Por diversas vezes, o mestre repetiu a pergunta e não recebeu resposta. Então Baal Schem Tov insistiu com falas enérgicas: — Você não sabe o que é respeito? Já lhe fiz a pergunta uma porção de vezes e você nada diz?

Nesse momento, para espanto de todos, os lábios do doente se moveram e uma voz fraca, quase sussurrante, falou: — Sim, estudei a Guemará.

Bescht continuou: — Em qual dos volumes consta que um erudito, ao visitar outro, pergunta se gosta de dores e sofrimentos?

O rapaz disse: — Nas Berachot.

E de novo Baal Schem Tov indagou: — E qual é a resposta?

O doente: — Não quero os sofrimentos, nem as dores; tampouco a paga ou o merecimento.

Então o mestre, segurando-o pelas mãos, ajudou-o a sentar-se na cama, ordenou que pusesse os pés para fora, tentasse levantar, fosse lavar-se e vestir-se. As instruções foram religiosamente obedecidas. Em seguida, dirigiram-se juntos à sala onde estava a Torá e fizeram as preces de encerramento do sábado.

O rapaz ficou completamente curado, tornou-se um dos mais dedicados adeptos do Baal Schem Tov e nunca esqueceu que, com o auxílio Divino, o mestre havia podido ajudá-lo, salvando-lhe a vida.

EVITANDO UM DESPEJO

No lugar onde vivia Baal Schem Tov apareceu certa vez um cidadão que pretendia alugar uma estalagem ocupada por um pobre homem, pai de muitos filhos. O mestre, penalizado, aborreceu-se, pois para onde iria o coitado com sua família? Resolveu conversar enérgica e insistentemente com o interessado, a fim de demovê-lo daquela absurda idéia. Porém, o desumano indivíduo respondeu não lhe dever satisfações e que tudo faria para obter aquela casa.

Montou em seu cavalo, rumou para a casa do senhorio, mas antes passou pela casa de Baal Schem Tov, bateu propositadamente na janela e disse: — Estou a caminho para alugar a estalagem; quero ver quem me impedirá.

Baal Schem Tov não quis pedir a um mau espírito que intercedesse, atrapalhando aquele intento, pois temia que ele não obedecesse; mas rezou com muito fervor, pedindo que o negócio não se concretizasse, para que aquela pobre família não ficasse ao relento.

Nesse meio-tempo, em casa do senhorio, o teimoso indivíduo fez uma oferta bastante vantajosa e estava sendo muito bem tratado. Para não perder tempo e aproveitar aquela excelente oportunidade, o proprietário já estava preparando o contrato, quando o interessado queixou-se de fortíssimas dores de cabeça. O dono da casa ofereceu-lhe sua cama, dizendo que depois que melhorasse poderiam proceder à assinatura. Porém, aquele caiu num sono tão profundo e esquisito, um enorme torpor, roncando e babando como um animal. Ao vê-lo nesse estado, o senhorio pensou: "Este não será mais meu arrendatário". A simpatia esvaiu-se, juntamente com a realização de tão bom negócio. Ordenou que levassem aquele homem para fora e o jogassem no chiqueiro. Como não melhorasse, transportaram-no para sua casa; ele estava completamente paralisado, sem poder articular uma palavra.

Chamaram Baal Schem Tov para ver se havia alguma possibilidade de cura. O mestre prontamente atendeu e conseguiu, com algum esforço, fazê-lo falar um pouco. Porém, quando viu que as pessoas residentes na casa tinham o costume de praticar feitiçarias, aconselhou-as a abandonar esses maus hábitos e, ao perceber que não lhe obedeciam, afastou-se do doente e deixou de tratá-lo. Por isto, ele só balbuciava poucas e confusas palavras.

O SINAL DE PECADO

Um dos adeptos de Baal Schem Tov, erudito e temente a D-us, morava numa aldeia próxima e costumava hospedar-se em casa do mestre na época dos dias festivos, onde era sempre tratado com muita consideração. Numa das vezes, ao chegar, estranhou muito ao ver que Baal Schem Tov virou-se, dando-lhe as costas; mas ao mesmo tempo refletiu: "Com certeza o mestre está tão profundamente concentrado nos planos superiores, que nem percebeu a minha presença". Como era íntimo na casa, tomou a liberdade de voltar pouco tempo depois, mas o fato repetiu-se e assim sucessivamente, por duas ou três vezes. Desconfiado, pensou: "Que será isto?" Dirigiu-se ao Rabi Guerschon, cunhado de Baal Schem Tov, suplicando que indagasse o motivo daquela atitude.

O Rabi foi perguntar ao mestre a razão daquela frieza e argumentou: — Você sabe que ele é homem puro e honesto em todo o seu procedimento, também é profundamente religioso...

Obteve a resposta: — Que quer você de mim? Quer introduzir-me entre os interesses materiais deste mundo? Quer que converse com ele? Pois fique sabendo que eu não quero.

Ao saber do ocorrido, o pobre homem mais aterrorizado ficou, dizendo, em pranto: — Deve existir alguma coisa que ele está ocultando. — E lamentava-se: — Isto não é vida, sinto-me moralmente deprimido e quero saber o significado disso tudo.

O Rabi Guerschon, penalizado, foi novamente procurar o cunhado, insistindo para que explicasse a razão dequele afastamento, pois se tratava de um martírio do corpo e da alma. Baal Schem Tov então esclareceu: — Vejo na testa dele um sinal de pecado, oriundo de uma mulher.

Atônito, o Rabi Guerschon disse: — Impossível, há dezesseis anos que ele está afastado da esposa. Nada vejo nele, só você o percebe, com certeza não deve ser coisa muito grave.

O que acontecia era o seguinte: Maimônides, num de seus princípios legais, interpreta que quando há separação de um casal, o marido não tem direito de servir-se dos pertences da esposa.

Este adepto resolvera não morar mais com a esposa e estava separado dela durante aquele longo tempo. Porém, precisou de dinheiro para fazer uma caridade, isto é, para dar um enxoval a uma noiva pobre. Não teve dúvidas, empenhou os objetos pertencentes à esposa. Foi esta simplesmente a razão daquele sinal na testa, que marcava o seu pecado.

É necessário, pois, que se saiba como, nos Planos Superiores, são interpretadas as nossas ações aqui na terra.

Baal Schem Tov, porém, meditou e analisou o caso, e não poupou esforços até absolver o amigo daquele pecado.

A CAMINHO DE ISRAEL

Baal Schem Tov resolveu empreender uma viagem a Israel, levando sua filha Hudel e o Rabi Tzvi Hirsch, seu escriba. Mas houve graves contratempos e foram obrigados a permanecer em Istambul, onde teriam de comemorar o Pessach. Mas ali não conheciam ninguém e nada estava preparado para aquela festividade. Na véspera, a filha, ansiosa, quis saber como se arranjariam naquele lugar completamente estranho e o pai lhe respondeu: — D-us nos ajudará. — Ele passou o dia todo na sinagoga, rezando, meditando, e estudando. Hudel ficou à espera no quarto da estalagem.

Ao anoitecer, surgiu na casa um judeu polonês perguntando se o nome de Baal Schem Tov constava da lista de hóspedes. Diante da afirmativa, dirigiu-se ao quarto onde explicou a Hudel que pedia permissão para comemorarem juntos a Páscoa; ela aceitou de bom grado, certa de que o pai não se oporia.

O recém-chegado e sua esposa providenciaram tudo, trouxeram o que havia de melhor. Acenderam inúmeras velas, arrumaram a mesa onde havia muita fartura, prepararam o Trono com almofadas, lugar do anfitrião. Então o homem foi à Sinagoga. Não demorou muito, mas Baal Schem Tov ainda não havia voltado e esperaram longo tempo. Quando o Rabi Israel entrou, não se espantou com aquela agradável surpresa, ao ver tanta luz e a mesa posta, como também não dirigiu a palavra a ninguém.

Respeitosamente, disse o *Kidusch* da Páscoa e sentou-se à cabeceira para dar início ao cerimonial. Só depois da segunda taça de vinho (tradicionalmente são quatro taças), é que ele cumprimentou os visitantes com amabilidade: — Sei qual é o desejo de vocês. Como me proporcionaram uma Páscoa feliz, juro que dentro de um ano sua esposa terá uma criança.

A alegria dos dois foi indescritível e o marido, comovido, agradeceu aquela bênção. A festa continuou animada e todos se divertiram a valer.

De repente, Baal Schem Tov calou-se, pois vozes vindas do Céu lhe comunicavam que ele perdera seu lugar no Jardim do Éden por ter jurado ao casal que teria um filho, quando sabia que ambos eram estéreis. Para não quebrar tão sagrada promessa, eles atenderiam àquele pedido, mas o seu castigo já havia sido enunciado e decretado.

Todavia, Bescht não se aborreceu com aquela dura sentença, ao contrário, ficou mais alegre, pensando: "Assim, agora é a melhor ocasião de servir a D-us com pureza, sinceridade, sem qualquer intenção ou interesse. Como está escrito na Torá: idêntico ao escravo que serve a seu amo com amor e alegria, sem contar com a recompensa. Logo em seguida, escutou: "Você já foi perdoado. Devido a esses pensamentos puros e elevados, seu merecimento lhe foi restituído".

Comemoraram alegremente os dois primeiros dias da Páscoa, depois o casal voltou ao lar e Baal Schem Tov foi ao porto com o Rabi Hirsch ver se havia algum navio para Israel. Infelizmente, nenhum.

Disse ele então ao seu escriba: — Se você concordar, estenderei o meu cachecol que é bem largo, revelarei um segredo que deverá ser totalmente guardado na memória, sem esquecer uma só palavra. Então seremos transportados para onde quisermos; porém aviso que não poderá haver o mínimo lapso de memória, porque então passaremos por grandes perigos.

Mas o Rabi Hirsch não aceitou, temendo, não por sua vida, porém pela do amado mestre.

Durante algum tempo, foram todos os dias verificar se já havia algum transporte, até que finalmente surgiu um ótimo navio. Entretanto, depois de viajar dois dias, foram apanhados por uma forte tempestade, que os desviou da rota, quebrando a bússola e obrigando-os a ancorar numa ilha desconhecida onde ficaram isolados por longo tempo até que outra embarcação os localizou e os orientou de volta a Istambul.

Todos estes incidentes fizeram Baal Schem Tov raciocinar e tomar consciência de que, do Alto, ainda não permitiam que fosse à Terra Prometida. Resignado, voltou ao lar.

O CEGO

Quando em Istambul, o Rabi Israel esperava pacientemente um navio com destino a Israel, ouviu comentários: o filho único de um dos ricaços da cidade, rapaz prendado com excelentes qualidades, havia repentinamente ficado cego. O pai, desesperado, mandou buscar os melhores especialistas do mundo para ver se o curavam, mas tudo em vão. Os remédios não produziam efeito. Resolveram formar uma junta médica para estudar minuciosamente o caso e tentar algum resultado. Infelizmente, porém, após inúmeros debates e algumas experiências frustradas, chegaram à conclusão de que o mal era incurável.

Por acaso, Baal Schem Tov se encontrou com aquele aflito pai e, condoído de seu sofrimento, lhe disse: — Comprometo-me a curar seu filho, garanto-lhe que sua visão retornará.

O ricaço não teve dúvidas, cheio de esperança levou imediatamente o Rabi Israel à sua casa. Mas quando lá chegaram, a esposa do ricaço, ao ver Baal Schem Tov com as roupas surradas (a longa espera naquela cidade fez com que suas vestes ficassem gastas), perguntou, enojada, quem era aquele maltrapilho. O marido explicou que ele havia prometido curar o rapaz.

Sem esconder seu orgulho e má educação, ela começou a gritar bem alto, perguntando ao marido: — Por que o trouxe aqui? Onde tem a cabeça? Se os mais famosos médicos do mundo nada conseguiram, como esse mendigo o fará? Se remédios caros nada resolveram, como é que "sagrados talismãs" o conseguirão?

E assim desfiou um palavreado, prosseguindo a crítica ferina sobre tudo que era escrito sagrado, ofendendo todos profundamente.

Revoltado, Baal Schem Tov dominou seu furor contra aqueles impropérios, contra aquelas expressões injuriosas que demonstravam total incredulidade por tudo quanto é sagrado. Mas resolveu louvar com provas o nome do Eterno e bradou: — Tragam-me imediatamente o rapaz cego que o curarei com estes escritos sagrados, dos quais a senhora duvida, e ele tornará a ver como todas as pessoas.

Ao ouvirem aquelas palavras, os pais, admirados, raciocinaram: "Se ele tivesse protelado, pedindo algum tempo para resolver, desconfiaríamos de que era um estratagema para pedir uma recompensa elevada. Mas prometer curá-lo naquele momento, valia a pena experimentar e depois aguardar os acontecimentos".

Trouxeram logo o rapaz e Baal Schem Tov segredou-lhe algo ao ouvido. Em seguida pegou um livro sagrado e deu-o ao jovem que começou a ler, naturalmente, como se nada tivesse acontecido com seus olhos. A alegria de todos era indescritível.

Quando Baal Schem Tov se despediu, ao abrir a porta para se retirar, fez um gesto com a mão sobre o rosto do rapaz que ficou cego de novo, entristecendo todos. De novo procuraram o mestre para implorar que o curasse, chegando a oferecer-lhe vultosa quantia, mas ele respondeu categoricamente: — Nem por todo o dinheiro do mundo eu o curarei.

Baal Schem Tov só fez isto para provar a grandeza de D-us, o poder da fé; mas, por terem ofendido os escritos sagrados, aqueles pais não poderiam alcançar tamanha graça.

O HUMILDE PEDIDO

Ainda por ocasião de sua longa permanência em Istambul à espera de conseguir condução para Israel, contra os desígnios do Plano Superior, foram apagados da mente de Baal Schem Tov todos os dons de sabedoria e cultura, restando somente o poder da cura. Este, ele usava por intuição, administrava os remédios sem recordar o fundamento da Medicina e da Farmacologia.

Antes de acontecer esta punição, ele se tornara conhecido no lugar como curador e também um Baal Schem. Foi por esse motivo que um abastado negociante o procurou, implorando que tratasse de sua filha que estava doente. Ele receitou um remédio, que infelizmente agravou o estado da enferma, piorando de tal forma que chegou a ficar na mais completa inconsciência.

O pai, desesperado, mandou chamar com urgência o mais afamado médico, o qual, após minucioso exame, convocou a presença de outros famosos colegas para discutirem o caso. O diagnóstico foi que não havia mais esperanças, pois a doente havia ingerido algo que a faria morrer. Alucinado, o ricaço falou: — Um suposto curandeiro, não faz muito tempo, deu-lhe uma poção.

Os médicos, revoltados, mandaram buscar imediatamente Baal Schem Tov, dispostos a esfaqueá-lo, de acordo com as leis e os costumes daquela época. Porém, assim que ele chegou, teve a Divina proteção de não ser logo atacado por eles e pediu para ir ao quarto da doente, no que foi atendido.

Ao vê-la tão mal, quase em coma, pegou em suas mãos, proferindo estas simples palavras: "D-us — estou sempre em Vossas Mãos, auxilia-me desta vez ainda". (Baal Schem Tov não conseguia lembrar nem as costumeiras preces que anteriormente eram ditas com intenso êxtase e fervor. Era como se fosse um perfeito ignorante.)

A enferma abriu os olhos, sentou-se na cama e disse: — Papai, quero um pouco de água.

Todos os presentes se assustaram, pois poucos minutos antes ela estivera à morte e de repente se sentava na cama e bebia como se nada tivesse havido.

O presidente da junta médica ordenou que despissem Baal Schem Tov para verificar se ele não trouxera algum amuleto de bruxaria e como nada encontrassem, perguntaram curiosos: — Conte-nos a verdade, como você conseguiu tamanho milagre?

Humildemente, ele respondeu: — Acreditem, eu nada fiz. Somente pedi a D-us que a ajudasse, restituindo-lhe a saúde e a vida.

Convencidos da sinceridade daquelas palavras, os médicos comentaram: — Se soubéssemos que também conseguiríamos o mesmo com preces, nós nos converteríamos ao Judaísmo!

PENITÊNCIA DE UM GRAVE PECADO

Numa localidade onde havia parado para descansar, Baal Schem Tov viu, de sua janela, um cidadão que passava no outro lado da rua, perto de um moinho de vento. Ordenou ao seu auxiliar que o fosse chamar.

A princípio, o homem, espantado, relutou em atender, mas acabou cedendo. Quando já estava na presença do mestre, ouviu dele: — Hoje você cometeu um grande pecado.

Pôs-se na defensiva, começou a negar e perguntou: — Que tem o senhor a ver com isto?

Porém Baal Schem Tov não se intimidou e retrucou com firmeza: — Foi realmente uma falta enorme, um grande pecado ter batido em seu pai.

Havia acontecido que pai e filho, morando na mesma casa, o rapaz pedira ao pai que fosse à adega encher um vasilhame com aguardente. Como estivesse demorando muito para voltar, o filho foi até lá e o encontrou bêbado. Nervoso, perdeu o domínio de si mesmo e bateu no pai.

Quando percebeu que Baal Schem Tov sabia toda a verdade, chorou convulsivamente, pedindo que lhe desse uma penitência para alcançar o perdão, porque estava arrependido.

Entre outros sacrifícios, Baal Schem Tov lhe impôs que jejuasse às segundas e quintas-feiras, advertindo que, se não seguisse à risca aquelas ordens, não chegaria ao fim daquele ano com vida.

O rapaz acatou respeitosamente as instruções, como lhe haviam sido recomendadas. Entretanto, a mãe, ao vê-lo penitenciar-se daquele modo rigoroso, ficou com muita pena e persuadiu-o a desistir. Ele seguiu seus conselhos, porém faleceu no mesmo ano, conforme Baal Schem Tov havia previsto.

EVITANDO UMA CONVERSÃO

Certa vez, Baal Schem Tov estava tão absorto numa das ceias sabáticas, que deixou de pronunciar a costumeira preleção, o que causou muita estranheza. Tinha por hábito, depois da prece da bênção sobre o vinho, dar uma volta em sua carruagem pelos arredores da cidade. Nessa noite, porém, mandou prepará-la para uma longa viagem e pediu que em sua grande mala fossem colocados os trajes sabáticos e outros objetos necessários e levou alguns de seus discípulos.

Na saída da cidade, ordenou que todos se sentassem de costas para os cavalos e de frente para si, inclusive o cocheiro, ao qual instruiu para amarrar as rédeas, virar-se também e deixar os cavalos correrem à vontade. Ninguém distinguia campos, florestas, aldeias ou cidades. Viajaram toda a noite e chegaram ao amanhecer a uma metrópole, num outro país. A carruagem foi parar diante de uma suntuosa casa onde Baal Schem Tov mandou que os cavalos penetrassem no pátio.

Quando o proprietário acordou, veio cumprimentá-los, indagando, curiosamente, de onde tinham vindo. Ao saber que de Wollin, muito estranhou, pois era bem distante, e pensou: "Não pareciam negociantes, senão se teriam instalado na zona comercial, e se fossem mestres ou pregadores teriam procurado o dirigente da coletividade".

Então Baal Schem Tov disse: — Por que se preocupa? Não pretendemos demorar aqui mais do que duas a três horas.

Desceu da carruagem, encheu o cachimbo de fumo e dirigiu-se diretamente à cozinha para pegar uma brasa para acendê-lo.

Nesse ínterim, surgiu uma jovem senhora que acabara de acordar e ainda não estava de todo vestida. Era hábito ir primeiro à cozinha, sem nada que cobrisse a camisola.

Baal Schem Tov pediu-lhe uma brasa para acender o cachimbo e, enquanto ela o atendia, falou: — Você me conhece?

Diante da negativa, ele explicou: — Sou seu tio. Que faz você nesta casa?

Ela contou: — O proprietário é meu sogro, sou viúva de seu filho e agora ele quer casar-me com um sobrinho, filho de seu cunhado, rapaz ainda muito jovem. Não tenho vontade de aceitá-lo mas não posso contrariar meu sogro; estou desesperada, não sei o que fazer.

Então Baal Schem Tov propôs: — Se quiser, venha comigo para minha casa. Serei como um pai e lhe arranjarei um marido bom e honesto.

Ela aceitou aquele amável convite e foi arrumar, o mais depressa possível, todas as roupas e jóias na mala, pois Baal Schem Tov lhe havia dito que pretendia partir logo. Ao ver aqueles preparativos, o sogro perguntou o motivo e soube que o tio ia levá-la para seu país e lá lhe arranjaria um marido. Ficou furioso e correu a tomar satisfações: — Como é que o senhor se atreve a levar minha nora sem o meu consentimento e ainda com todas as coisas que me pertencem?

Bescht acalmou-o, pedindo que fossem conversar a sós na sala e, depois de ter trancado a porta, esclareceu: — Fique sabendo que sou um "Baal Schem". Ontem, após a prece da bênção sobre o vinho, viajei, vindo da minha cidade, Mesebitsch, de outro país bem distante daqui. Chegamos em curto espaço de tempo, como se tivéssemos voado, um verdadeiro milagre. Quer saber por que vim? Sua nora é uma grande pecadora, tem tido relações amorosas com vários homens. Saiba que ela já prometeu ao prefeito desta cidade que se converteria, a fim de casar com ele. Ontem, na ceia sabática, apareceu-me, vindo do além, o espírito do seu avô, um grande *tzadik* de sua geração, que me suplicou que salvasse sua neta; disse-me que ela é uma alma elevada mas caiu nas profundezas demoníacas. Antecipo-me contando-lhe que a sua conversão foi marcada para hoje e, dentro de algumas horas, virão aqui o prefeito e seus capangas, e a levarão à força, com jóias e tudo. Portanto, com a ajuda de D-us consegui que abandonasse tudo e me acompanhasse. Espero que o senhor, com o Eterno em seu coração, ajude a salvar esta alma judaica a não se desviar, pois continuo a afirmar que dentro de duas horas virão buscá-la. Creia-me: devolverei, em ocasião oportuna, tudo que de direito lhe pertence; dou-lhe a minha palavra de honra. Confie em mim, dê-me a sua aprovação para que ela me acompanhe tranqüilamente, sem rancores.

Estas palavras penetraram no âmago do coração do sogro, que deu sua permissão.

Foi confirmada a veracidade de toda a história. Ao meio-dia apareceram o prefeito e seus empregados, vasculharam por toda a casa à procura da moça, dispostos a levá-la de qualquer jeito. O sogro viu, com grande satisfação, aquela busca infrutífera e muito feliz ficou por ter obedecido e confiado plenamente naquele bom homem.

Voltaram de modo normal, não através de ordens milagrosas como na ida. Durante todo o percurso a jovem tratava Baal Schem Tov de tio, o que causava estranheza a todos. Quando chegaram ela ficou hospedada em casa do mestre, sendo tratada como filha. Logo lhe apresentaram um noivo, rapaz muito culto e distinto, de família nobre e rica. A data do casamento foi marcada logo, e assim Baal Schem Tov cumpria a sua palavra.

Enquanto o tempo passava, naquele ambiente puro e elevado, a moça melhorava espiritualmente a cada dia. No dia do casamento, procurou Baal Schem Tov para confessar os seus pecados, chorando de arrependimento. Naquele pranto sincero, ele viu que durante a permanência em sua casa, toda maldade havia sido arrancada de seu coração. Então lhe disse:

— Não sou seu tio como lhe fiz acreditar, porém como você pretendia converter-se, o seu avô — que D-us o tenha em paz — veio pedir-me que a salvasse. Saiba que, se este seu arrependimento não for leal e sincero, dentro em breve você morrerá.

Ela implorou que a penitenciasse para provar o quanto estava sendo honesta.

Baal Schem Tov lhe disse: — A primeira prova dura a que você deve submeter-se é o rompimento do noivado, pois sabe muito bem que não o merece como marido. A outra é a devolução ao seu sogro de todos os pertences. Ele foi muito bondoso em confiar na minha palavra, ajudando-me a salvá-la e afastando-a do mau caminho.

A moça, comovida, cumpriu rigorosamente as instruções, tornando-se boa e piedosa.

O HOTELEIRO

Numa de suas viagens, Baal Schem Tov fez pouso numa aldeia, hospedando-se na estância de um de seus seguidores. Muito honrado e feliz, este o recebeu cortesmente e preparou o que havia de melhor. Na refeição, entre outros assuntos, o mestre se interessou em saber o andamento dos negócios e, ao cientificar-se de que iam de mau a pior, levantou-se da mesa e dirigiu-se à cocheira. Ali, entre outros, havia um cavalinho que logo chamou a atenção de Baal Schem Tov, que o pediu como presente.

Entretanto, muito consternado, o hoteleiro recusou, desculpando-se com o esclarecimento de que aquele pequeno animal era de grande estimação, pois valia por três. O que alguns não conseguiam puxar, ele o fazia com a maior facilidade, sem nenhum auxílio. Não podia desfazer-se dele, mas insistiu em que ficaria muito feliz se Baal Schem Tov escolhesse um dos outros. Sem comentários e sem tocar mais no assunto, voltaram lentamente para o interior da casa e foram terminar a refeição interrompida. Depois de mais algumas horas de conversação despreocupada e agradável, Baal Schem Tov voltou a inquirir sobre as dívidas e cobranças do hoteleiro. Tomando um enorme maço de notas promissórias, o estalajadeiro começou a mostrá-las uma por uma ao mestre, comentando quanto dinheiro atrasado tinha para receber. Baal Schem Tov, porém, destacou uma delas e pediu que a cedesse. Curioso, o hoteleiro quis saber a razão daquele estranho desejo, pois que o devedor havia falecido há muito e nada deixara que pudesse cobrir aquela dívida. Mas Baal Schem Tov retrucou: — Mesmo assim, eu a quero.

Então, o hoteleiro entregou-a ao mestre, que a rasgou imediatamente, pronunciando as seguintes palavras: — Perdôo esta dívida ao falecido.

Em seguida, mandou o hoteleiro ir ao estábulo verificar o que havia acontecido àquele cavalinho. O proprietário voltou triste porque o encontrou morto. Baal Schem Tov, então, relatou: — Por causa desta duplicata, o devedor foi julgado nos Planos Superiores e intimado a lhe pagar a dívida com trabalho. Devia proporcionar-lhe orgulho e satisfação por tudo que fizesse. Por isto, voltou, reencarnado naquele pequeno cavalo, com capacidade e força para superar o serviço de mais de três animais. Por muito tempo, ele o serviu a contento a cumprir a sentença. Como você me presenteou com o título, eu o perdoei e desta maneira sua alma se libertou.

YOM KIPUR: DIA DA EXPIAÇÃO

Com a finalidade de passar o Yom Kipur com Baal Schem Tov, um de seus alunos partiu da cidade onde residia, na véspera, para chegar bem antes de ser iniciada a cerimônia, a fim de se preparar e descansar.

Quando faltava apenas uma milha, portanto, já bem próximo de Mesebitsch, resolveu parar um pouco, pois os cavalos estavam exaustos. Enquanto isto, aproveitou a pausa para rezar e depois sentiu uma tremenda sonolência e muito cansaço.Como ainda havia tempo suficiente, resolveu tirar um cochilo para ver se aquela indisposição melhoraria. Adormeceu tão profundamente que, ao despertar sobressaltado, já estava escurecendo e não pôde prosseguir viagem.

Ficou muito aborrecido ao ver que seus esforços e sua vontade de estar naquele dia santificado junto ao mestre haviam sido em vão e que agora era obrigado a guardá-lo sozinho, naquele campo.

Fez as orações chorando, lamentando e gritando a noite toda e também durante o dia, mortificando-se por ter descansado naquele momento e perdido a hora.

Depois de terminar as preces, continuou a viagem, indo diretamente para a casa de Baal Schem Tov, para o jantar coletivo. Lá foi acolhido afetuosamente pelo mestre, com um grande abraço. Ao ver que seus olhos estavam inchados de tantas lágrimas, o mestre perguntou: — Foi bom passar o Yom Kipur no campo? Pode ficar satisfeito, com suas lágrimas sentidas recebeu o perdão e conseguiu um Ano Feliz para toda comunidade, porque demonstrou a força de seu sincero arrependimento.

A INFAME INTRIGA

Os habitantes de Pavlitch arquitetaram um diabólico plano, uma tão infame intriga contra a coletividade judaica que colocou toda a comunidade em perigo. Por isso, algumas pessoas resolveram fugir. Entre estas, o Grande Rabi David Makratchub que foi refugiar-se em Mesebitsch e pediu ajuda ao Baal Schem Tov, relatando-lhe todo o drama. O mestre ouviu-o com atenção e disse: — Tenha fé, com a ajuda de D-us todos serão salvos.

Porém, passados alguns dias, justamente na véspera de sábado, o Rabi David recebeu uma carta contando que diversas pessoas muito conceituadas da colônia haviam sido presas, torturadas e assassinadas barbaramente, naquela cidade.

Baal Schem Tov, ao ser notificado da horrorosa chacina, ficou desolado, em profundo desânimo. No trajeto para ir à *mikvá* chorava copiosamente; durante a prece da "Min-há" continuou melancólico; também na reza de recepção ao sábado (que costuma ser em tom alegre) sua atitude não mudou, e foi acrescida de tremores e suspiros; na hora do Kidusch não se modificou, e rezou com lágrimas abundantes. Demorou pouco à mesa do jantar, sem provar nada, e logo foi para seu quarto, onde se fechou. Todos ficaram aguardando sua volta, mas, como não viesse, a esposa resolveu ir chamá-lo, dizendo: — As velas estão quase extintas, volte para a mesa, os hóspedes o esperam.

— Que eles terminem o jantar sem a minha presença e podem ir embora — foi a resposta.

Passaram-se as horas, já era quase meia-noite, ele continuava trancado, sem que nem a esposa pudesse entrar para dormir.

Preocupado, o Rabi David, receando que talvez Baal Schem Tov se tivesse sentido mal e desmaiado, resolveu espiar por uma fresta da porta e viu o mestre atirado no chão, em convulsivo pranto. Então, perplexo, viu

surgir uma intensa luminosidade e Baal Schem Tov, erguendo-se, falou:
— Louvado seja, abençoado Rabi Akiva! — e assim sucessivamente, foi mencionando um a um, pelos nomes, os dez sábios-mártires que haviam sido imolados em holocausto a D-us. Mas o mestre continuou: — Eu os intimo a se vingarem desta cruel perseguição aos nossos irmãos daquela cidade pelo maldoso prefeito.

Entretanto, logo depois, o Rabi David nada mais viu ou ouviu, pois fez-se silêncio total.

Pela manhã, Baal Schem Tov não fez comentário algum; entretanto, após o final do sábado, à noite, perguntou ao Rabi David: — O que viu pela fresta da porta?

Ele respondeu: — Só ouvi o senhor dizer "Benditos sejam!" e depois mais nada.

Baal Schem Tov contou então que suas lágrimas haviam trazido os dez santos sacrificados, aos quais pediu que se vingassem dos que haviam sido massacrados naquela cidade. Responderam-lhe que nunca mais fizesse tal exigência, porque para poderem processar a vingança, eles próprios teriam de reencarnar, o que não seria possível. Insistiram em que anulasse o pedido. Baal Schem Tov perguntou: — Por que dos Céus não me avisaram que os cidadãos de Pavlitch seriam chacinados? A resposta foi: "Receamos que, ao ter conhecimento do fato, suas preces fossem tão fervorosas que poderiam anular esta sentença, o que acarretaria uma calamidade ainda maior sobre o povo de Israel".

BARÃO DE RADZIWIL

Em Slutzk, os irmãos Guedalie e Schmiel, eram administradores gerais de todos os bens e terras do Barão de Radziwil. Tinham conseguido, com trabalho honrado e esforço inaudito, juntar uma razoável fortuna que lhes permitiu o luxo de construírem suntuosos palácios. Tube, a esposa de Schmiel, teimou em convidar Baal Schem Tov para hospedar-se em sua mansão.

Quando ele chegou, quis servir-lhe uma refeição e foi impedida, pois ele exigiu antes a presença do *Schohet,* para examinar se o seu instrumento de trabalho era perfeito. Naquela época, numa cidade adiantada e próspera, não era admissível tamanha desconfiança e muito menos tal intimação; embora a dona da casa fosse praticamente uma das principais dirigentes da coletividade, por saber o descontentamento que a negativa acarretaria, obedeceu ao Baal Schem Tov.

Outro fato que também desagradou à comunidade foi a entoação das preces do modo sefardita. Por isso, foram queixar-se ao proprietário, que respondeu: — Nunca devemos implicar com uma pessoa por seu comportamento.

Levaram o hóspede a ver as casas antes da reza da tarde, e tantos trejeitos ele fez, que os presentes não acreditaram nos seus comentários, julgando-os falsos e achando que ele fingia ver algo de errado.

Quando Schmiel e a esposa se recolheram ao quarto para dormir, situado do lado oposto do de Baal Schem Tov, o marido disse: — Pretendo pôr à prova o nosso hóspede em alguma coisa.

Naquele exato momento o mestre ordenava a seu criado que fosse chamar a anfitriã, sem dar satisfação aos vigias que guardavam a casa. Embora, o marido quisesse impedi-la de ir, ela desobedeceu e atendeu ao chamado do visitante. Então Baal Schem Tov lhe disse: — Saiba que o seu marido, aquele tolo, quer me pôr à prova.

Assustada, ela implorou ao mestre que não se zangasse. Pálida e alarmada, voltou ao quarto, contando tudo ao marido.

Desde então, Schmiel respeitou o hóspede, honrando-o com uma brilhante recepção. À mesa, conversaram animada e amigavelmente. Veio à baila, inclusive, o desejo de Baal Schem Tov de ir a Israel por terra. Todo feliz, Schmiel prometeu, caso fixasse residência lá, ajudá-lo no sustento, muito embora o mestre não houvesse revelado aquele desejo com segundas intenções.

Já estava ali havia umas três semanas, quando Tube lhe perguntou quanto tempo ainda duraria a sorte que tinham. Irritado, ele respondeu ralhando em alta voz: perguntas daquele teor nunca deveriam ser feitas. Mas diante da suplicante insistência dela, cerrou, por um instante, os olhos e disse: — Vai continuar ainda durante vinte e dois anos.

Quando Schmiel soube daquela previsão, zangou-se com Baal Schem Tov.

Nesse meio-tempo, um dos filhos do casal adoeceu e foram ao quarto do mestre para lhe pedir ajuda. Ele os acalmou, dizendo que a criança se salvaria. Porém, quando se retiraram, visualizou que o doente não suportaria a moléstia e compreendeu que seria alvo de ofensas e desfeitas. Para evitar tão grandes aborrecimentos, partiu altas horas da noite, atravessando rapidamente aldeias, fazendas, sítios, cidades, como se estivesse voando através do mundo todo, até ultrapassar os limites daquelas extensas propriedades. Quando o seu escriba, Rabi Hirsch, perguntou, atônito, o que significava tudo aquilo, ele lhe fez aceno com a mão para que se conservasse calado, a fim de não interromper as preces especiais para viagens rápidas.

Quando Baal Schem Tov chegou em casa, escreveu uma carta endereçada ao casal que o hospedara: "Fugi de vocês, mas não por medo. Ao contrário, pois poderia ter conseguido, com a ajuda de D-us, que nada me acontecesse; porém, temi que o mal atingisse outras pessoas e por isso me afastei. Todavia, aqui afirmo que minhas palavras são decisivas: Vocês, após vinte e dois anos, terão um trágico fim, atraiçoados por um de seus próprios ajudantes". E assinou: "Israel Baal Schem Tov, Servo de D-us".

Despachou a carta por um mensageiro especial. Quando foi lida, Schmiel ficou muito envergonhado, não tendo coragem de mostrá-la a ninguém, a não ser a assinatura.

Passados vinte e dois anos, conforme Baal Schem Tov havia previsto, o Barão devia uma enorme quantia aos dois irmãos e ambos estavam muito apreensivos com a situação. Além de não liquidar a dívida, o Barão ainda pretendia pedir-lhes mais dinheiro emprestado. Obtiveram a proteção do Rei da Prússia para retirar e transportar tudo que possuíam para Breslav, e o incumbiram de cobrar a longa dívida, pois pretendiam romper relações com o patrão.

Levaram seus pertences e alguns barris abarrotados de moedas de ouro para o navio e empreenderam a viagem. Quando atracaram no porto da cidade onde residia o Barão, Schmiel pediu ao seu auxiliar que fosse trocar de roupa, pois iriam juntos ao palácio. Este, porém, se esgueirou às escondidas e fugiu, indo relatar tudo ao fidalgo. Schmiel, ao chegar lá, encontrou o traidor, percebeu tudo e sem se conter lhe aplicou uma tremenda bofetada.

Tranqüilamente, o Barão falou: — Eu lhe perdôo por ter castigado este homem na minha presença; você bem sabe que, se o tivesse feito a um filho meu, também lhe perdoaria. Mas quero que me explique tudo o que ele me contou sobre vocês.

O Barão ordenou a um inspetor que examinasse o navio, para certificar-se de que aquela denúncia era verdadeira. Diante das provas, Schmiel foi preso e o Barão ordenou ao delegado, por escrito, que embargasse os bens do navio. Temendo cumprir aquela rigorosa ordem e pensando que poderia acontecer o inverso e se tornar inimigo do Barão, o delegado resolveu fazer aos irmãos um favor especial. Fingindo-se de bêbado, fez de conta que dormia profundamente e, no meio da noite, quando todos estavam repousando em suas casas, procurou a esposa de Schmiel para contar-lhe que, pela manhã, seus bens seriam confiscados. Aconselhou-a a retirar do navio tudo que possuía naquela mesma noite.

Ela seguiu aqueles excelentes conselhos e entregou ao genro todo o dinheiro, as jóias e toda a riqueza, ordenando que seguisse para Breslav, onde, mais tarde, ele se tornou Rabi e continuou muito rico.

Furioso por ter sido logrado, o Barão prendeu todos e também todas as pessoas da família mais próximas.

Depois, arquitetou uma vingança muito maior e obrigou estas pessoas a escreverem convites ficticios de casamento aos parentes que moravam noutras localidades mais distantes, para que caíssem na cilada e fossem também aprisionadas.

Alguns tiveram a sorte de ser avisados por amigos e voltaram rapidamente a seus lares.

Tube, a esposa de Schmiel, implorou aos conterrâneos que escrevessem ao Baal Schem Tov o que estava acontecendo, porque talvez os auxiliasse.

Apesar de não gostarem dela, não tiveram outra alternativa, pois temiam toda a família. Numa carta, pessoas da coletividade descreveram minuciosamemte o que estava ocorrendo, mas pediram, em segredo, ao mensageiro, que pedisse ao mestre para não os auxiliar.

Depois que Baal Schem Tov leu a carta, explicou ao portador:
— Talvez eu pudesse encontrar um meio de salvá-los, mas atendendo à maioria, ao pedido de toda a coletividade, não vou auxiliá-los.

O PARALÍTICO

Numa de suas viagens, Baal Schem Tov precisou aguardar a passagem do sábado numa aldeia distante, a poucos quilômetros de Berle. Ao aproximar-se da estalagem onde pretendia hospedar-se, o estalajadeiro, feliz com tão ilustre personagem, correu ao seu encontro. Ao mesmo tempo, refletia na possibilidade de pedir-lhe ajuda para tornar-se pai pois, apesar de casado havia tempos, não tinha filhos.

Baal Schem Tov perguntou-lhe se haveria condições de recebê-lo sábado em sua casa. Ele afirmou que se sentia honrado em poder servi-lo e insistiu em que passassem juntos aquele dia santificado. O mestre perguntou se haveria *minian* e depois de terem verificado quantas pessoas estavam presentes, contaram apenas nove homens. Mas Baal Schem Tov afirmou: — Seremos dez a rezar.

Sem descer da carruagem, ordenou ao cocheiro que entrasse por um portão rudimentar, feito de dois troncos de árvores, com uma trave horizontal por cima. Parte da frente da carruagem coube naquela passagem, mas como a cobertura de lona era mais alta, o cocheiro parou. Baal Schem Tov reclamou: — Por que paramos? Siga para diante, vamos!

Ele obedeceu e seguiu adiante, e como por encanto a trave se elevou, ficando suspensa no ar, para sempre, sem fazer sequer um arranhão na cobertura. Todos os hóspedes viram o que acontecera e o arrendatário, radiante, pensava: "Com certeza ele ouvirá minhas súplicas e procurará ajudar-me".

Na forma costumeira, Baal Schem Tov mandou que se reunissem para começar as preces depois do meio-dia, porém todos responderam, atônitos, que não havia número suficiente para formar o quorum; ele novamente confirmou: — Sei que logo haverá dez homens aqui para podermos iniciar as nossas orações.

Os presentes, sorrindo, duvidaram daquelas palavras, pois não havia a mais remota possibilidade de surgir alguém, assim na última hora.

De súbito, o estalajadeiro lembrou: — No outro lado do rio, numa aldeiazinha, vive um senhor completamente paralisado, de cama há mais de dez anos, sem articular uma só palavra e sem conseguir mover um músculo do corpo. Por acaso, o senhor estará pensando nele?

— Sim, chamem-no para vir rezar.

Deu sua bengala, instruindo para que a colocassem na mão do enfermo a fim de que ele, apoiado nela, pudesse locomover-se. Seguiram à risca as ordens do mestre, mas como não houvesse nenhuma reação por parte do doente, voltaram sem terem resolvido coisa alguma.

Então, Baal Schem Tov pegou o chapéu, explicando que deveriam colocá-lo na cabeça do paralítico, prender com firmeza a bengala em suas mãos e insistir para que viesse logo, porque precisava completar o quorum, para que pudessem iniciar as preces.

Seguiram religiosamente as novas instruções e, pasmos, viram o homem levantar-se rapidamente, vestir-se e acompanhá-los, normalmente, como se nunca estivesse estado doente. Depois, ele rezou com fervor intenso, falou fluentemente, repetindo com ênfase todos os cânticos litúrgicos que estavam sendo entoados. Desta época em diante, sua cura se consolidou para sempre.

Com a realização destes dois milagres, o hoteleiro armou-se de coragem e durante uma das refeições pediu ao Baal Schem Tov que o ajudasse em seu angustiante problema. Expôs que já estava envelhecendo e receava que dentro em pouco não tivesse mais possibilidade de criar filhos.

— O que será então de minha vida?

A resposta foi: — Com toda a certeza você ainda os terá.

Ansioso, o homem insistiu: — Devo divorciar-me e casar com outra? É isto que o senhor me aconselha?

Porém Baal Schem Tov calmamente, retrucou: — Não importa de que maneira seja. Você ainda terá filhos.

Com o correr do tempo, aos sessenta anos a esposa do arrendatário faleceu. Ele casou-se com outra com a qual teve dois filhos.

AJUDA A UM DOS ADEPTOS

Certa vez, quando viajava na companhia de seus discípulos, Baal Schem Tov fez parada de repouso numa hospedaria próxima de Brod, cujo proprietário, homem bom, honesto e adepto do mestre, os recebeu muito bem. Serviu-lhes uma lauta refeição, caprichou na limpeza e arrumação das camas para que tivessem um pernoite agradável.

Pela manhã, após a prece matutina, e antes de reiniciar a viagem, Baal Schem Tov falou ao estalajadeiro: — Se você tem algum pedido especial a me fazer, seja o que for, você o conseguirá.

Humildemente, a resposta foi: — Agradeço a D-us, nada tenho a pedir a não ser paz e saúde para os meus e para mim.

Então, o mestre retrucou: — Já que nada tem a me pedir, sou eu então que espero não me recuse um favor, pois necessito da sua ajuda.

— Pelo meu Rabi, farei tudo que estiver ao meu alcance.

Baal Schem Tov sentou-se à mesa, escreveu uma carta, assinou, colocou no envelope, fechou e subscritou os nomes. Entregou-a ao hoteleiro:

— Peço que a leve para mim a Brod.

Ele a guardou no bolso da camisa: — Eu o farei com imenso prazer.

Enquanto Baal Schem Tov e os discípulos faziam os preparativos para partir, o estalajadeiro, querendo ser gentil, correu a encilhar o seu cavalo para acompanhá-los até certo trecho da estrada. Mas, quando se inclinou para desamarrar o animal, a carta caiu do seu bolso, sem que ele o percebesse, dentro de um caixote velho, cheio de cordas usadas e rotas. Pegou o animal, acompanhou os viajantes até parte do caminho e ao voltar se concentrou por completo nos afazeres, a ponto de esquecer a promessa de entregar a carta. Os anos foram passando.

Por várias vezes, foi visitar Baal Schem Tov que, também por diversas ocasiões se hospedou na estalagem, sem que ninguém mencionasse o assunto carta.

Decorridos mais alguns anos, o hoteleiro que sempre estava bem de vida, sofreu grandes contratempos. Perdeu tudo e, para sustentar a família, chegou a ponto de vender todos os bens. Estes reveses aconteceram quando Baal Schem Tov já havia falecido muito tempo antes.

Desesperado, sem meios para comprar alimentos, o estalajadeiro se dirigiu ao estábulo, agora vazio, com a esperança de ainda encontrar algo que pudesse vender, pegou o caixote de cordas velhas, começou a esvaziá-lo, vasculhando tudo. Surpreso, encontrou no fundo a tal carta. Só então relembrou toda a conversa e desmaiou de remorso.

Quando voltou a si, começou a chorar e a se lamentar, lastimando tão grande falta e esquecimento e atribuindo toda a sua má sorte a esta grave falha. Verificou que o envelope estava endereçado assim: "Aos novos dirigentes de Brod", e logo em seguida os nomes; porém, teve receio de abri-la e ver o seu conteúdo. De súbito, veio-lhe à mente que poderia talvez cumprir a palavra dada, se encontrasse vivas as pessoas a quem fora dirigida.

Seguiu a pé para Brod e na Sinagoga perguntou aos anciãos quais eram os dirigentes da comunidade, quinze anos antes. Eles, curiosos, indagaram o motivo e então leram os nomes escritos no envelope, dizendo desconhecê-los. Brincando, um deles disse cinicamente: — Talvez na Grande Sinagoga, durante a eleição, estes nomes sejam escolhidos para serem os dirigentes atuais. Quem sabe?

Entretanto, este sarcasmo logo se transformou em realidade, porque inúmeras pessoas entraram ali a bradar Mazel-Tov, Mazel-Tov, Fulano e Sicrano foram eleitos como novos dirigentes.

Ao ouvir os nomes, o hoteleiro, surpreso, verificou serem os mesmos do envelope e pediu aos velhos que o aconselhassem na solução a tomar. Pediram-lhe então que esperasse o entusiasmo da multidão arrefecer. Depois de os acompanhar até os respectivos lares, lá, num ambiente mais calmo, ele poderia entregar a missiva. Ele seguiu à risca as instruções e quando pôde afinal aproximar-se deles, disse: — Trago-lhes uma carta de Baal Schem Tov.

Eles riram, tachando-o de louco e afirmando: — Que está dizendo? Há mais ou menos doze anos que o Baal Schem Tov está no Verdadeiro Mundo e nós temos agora vinte e cinco anos de idade; como poderia ele escrever-nos? O senhor é louco ou um grande mentiroso!

— Acreditem, senhores, para mim o que está acontecendo não é só uma surpresa, mas um verdadeiro milagre.

Narrou tudo o que havia ocorrido. Diante destes fatos positivos, eles resolveram abrir a carta, que dizia: "Fulano e Sicrano de Tal — Novos Dirigentes de Brod. Assim que o portador da presente, Sr. Fulano de Tal, ex-estalajadeiro nas cercanias de Brod, os procurar, peço-lhes um favor especial. Ele é um homem muito correto, honesto, leal e culto; já foi rico por muito tempo, mas agora sofre necessidades. Eu, Baal Schem Tov, imploro que o auxiliem no que for possível. Caso não acreditem que eu, Baal Schem Tov, escrevi esta carta, dou-lhes uma prova: as esposas de ambos estão grávidas. Logo, mensageiros virão comunicar que a de Fulano teve um menino e a de Sicrano uma garota. Que estes acontecimentos sejam o comprovante de que eu, Baal Schem Tov, lhes enviei este cidadão para ser ajudado''.

Nem bem haviam terminado a leitura, surgiram correndo os empregados de cada um deles, dando a notícia dos nascimentos, conforme o relato da carta. Convencidos afinal, os dirigentes, comovidos e respeitosos, tudo fizeram para melhorar a situação do arrendatário.

A novidade se espalhou, tomou enorme vulto e o hoteleiro ficou muito feliz por ter cumprido sua missão, embora atrasada. Mas compreendeu que o bom Baal Schem Tov havia previsto seu futuro e havia tomado as devidas providências para ampará-lo, fazendo com que voltasse a ser rico e tivesse uma velhice tranqüila.

O SEGREDO

Vivia em Richa um respeitável cidadão, muito erudito e rico. De tanto ouvir falar sobre Baal Schem Tov, de seus incríveis feitos, resolveu procurá-lo.

Ordenou ao cocheiro que preparasse a carruagem e seguiu para Mesebitsch, conjecturando pelo caminho que, com toda certeza, ao chegar lá a conversa giraria em torno dos assuntos da Torá e da Cabala.

Foi muito bem recebido, mas com surpresa viu que nada do que havia imaginado veio à baila, somente discorreram sobre conhecimentos gerais e mundiais. Ao despedir-se deu alguns rublos de presente ao Baal Schem Tov, que agradeceu e perguntou: — Você deseja algo? Falta-lhe alguma coisa?

O visitante respondeu: — Graças a D-us nada me falta, estou muito bem de vida. Tenho tido sorte em tudo, pois os meus filhos e genros são eruditos e também estão ricos. E também reservei algumas horas por dia para dedicar-me só aos estudos da Torá e da Cabala.

Bescht respondeu: — Se nada lhe falta, por que veio procurar-me?

— Por simples curiosidade, porque o seu nome, a sua bondade e os seus feitos são tão afamados que não resisti à vontade de conhecê-lo pessoalmente.

— Sendo este o motivo, convido-o a sentar-se e ouvir com atenção um caso muito interessante.

E Baal Schem Tov começou: "Em certa cidade, muito longínqua, dois ricos senhorios eram vizinhos e cada um deles tinha um filho.

Os meninos, da mesma idade, cresceram juntos, tornando-se amigos inseparáveis. Estudavam com o mesmo professor e faziam juntos as lições. Antes de completar catorze anos, casaram-se, e então houve a separação. Foram morar a umas trezentas milhas um do outro. A princípio houve muita troca de correspondência, mas como é natural, à medida que o tempo foi passando, as notícias foram escasseando, até parar por completo. Mas sabiam das novidades mutuamente, através de terceiros. Ambos eram muito felizes e os negócios iam admiravelmente bem.

"Tempos depois, um deles perdeu tudo que possuía e ficou tão pobre que nem sequer tinha um vintém para o pão diário. Lembrou-se então do amigo, resolveu ir procurá-lo, expor-lhe a situação e pedir-lhe auxílio. Com dificuldade conseguiu um empréstimo para as despesas de viagem e ao chegar, após ter-se anunciado, foi recebido com muita alegria, carinho e um lauto almoço. Em meio à refeição, quando o dono da casa perguntou ao hóspede sobre seus negócios, soube que até as roupas que trajava haviam sido emprestadas e que tudo ia muito mal. Prosseguiram o almoço sem mais tocar no assunto e tudo versava sobre diversos temas e brincadeiras.

"Em seguida o anfitrião mandou chamar o contador, pedindo-lhe que fizesse imediatamente um balanço total da sua fortuna; ao obter a resposta, doou a metade ao amigo necessitado. Este, muito feliz, voltou ao lar e com o emprego inteligente do que havia ganho, lucrou bastante e se tornou mais rico do que antes.

"Com o correr do tempo, o bom amigo, que havia repartido suas posses com o necessitado, faliu e ficou na mais completa miséria, porém no seu íntimo conservava a alegria e o consolo de saber que seu protegido havia triunfado novamente. Resolveu procurá-lo, imaginando que, com certeza, conhecendo sua desdita, lhe daria o suficiente para recomeçar. Porém, sua decepção foi enorme quando, após se ter feito anunciar, não só não foi recebido pelo amigo, como também este ordenou ao criado que o enxotasse dali. Angustiado, chorou muito perante D-us, voltando de mãos vazias e coração oprimido com tamanha injustiça humana. Porém, com fé inabalável na ajuda divina, com vontade e paciência, conseguiu que aos poucos seus devedores fossem liquidando as contas. Vagarosamente, começou a aplicar com perspicácia o dinheiro e assim refez novamente a fortuna.

"Como o mundo dá muitas voltas, o mau amigo perdeu tudo em especulações. De mau caráter e muito descarado, não teve vergonha em ir de novo suplicar a ajuda ao amigo, contando-lhe sua desventura. Foi amavelmente recebido, porém desta vez o anfitrião lhe disse: 'Não vou levar em consideração os maus-tratos e a péssima atitude de que fui vítima quando o procurei para que me auxiliasse. Só que agora quero precaver-me: vou dar-lhe como empréstimo parte da minha riqueza mas você assinará um recibo como comprovante, porque se, por acaso, no futuro, algum dia eu precisar, você será obrigado, legalmente, a me devolver tudo'. O cínico homem respondeu: 'Vejo agora como você é nobre e bondoso, e como eu sou ruim. Naquela época difícil você me fez um grande bem e quando você procurou ajuda, eu lhe retribuí com o mal. Todavia, fique sossegado, aprendi bem a lição, nunca esquecerei este favor'. Assinou os documentos, voltou para casa e depois de bem aplicar, teve muita sorte e enriqueceu de novo.

"Mas D-us virou tudo outra vez e o bom homem, apesar de ter falido, não desanimou, pegou os documentos comprobatórios do empréstimo, empreendeu a viagem com a esperança e quase certeza de que desta vez não voltaria de mãos abanando. Entretanto, ainda foi maior o seu desgosto ao ver que o falso amigo não quis recebê-lo, recusou-se a pagar o que de direito lhe pertencia e, quando tentou lutar judicialmente para reaver o que era seu, os juízes daquela localidade, subornados, negaram-se a aceitar o caso. Nada tendo conseguido e com todos os recursos legais perdidos, voltou ao lar, completamente arrasado com tanta ingratidão. Não se conformou e cada vez se aborreceu mais, foi definhando, magoadíssimo, ficou muito doente e logo faleceu. Porém, não demorou muito e seu amigo também morreu.

"Diante da Justiça Divina, o bom amigo foi designado para o Éden e o maldoso condenado às profundezas do inferno. Mais uma vez, o bondoso intercedeu, pedindo clemência para o outro e esclarecendo, com humildade e respeito: 'Como poderei usufruir as delícias do paraíso, sabendo que meu amigo está penando naquele calor e fogo da casa de Satã?'

"Disseram-lhe então: 'Vamos dar-lhe uma oportunidade: ambos reencarnarão. O ruim será riquíssimo, você tão pobre que mendigará para sobreviver e asssim, de tostão em tostão, ele deverá pagar-lhe a dívida'.

"O bom homem aceitou aquela opção e os dois voltaram ao mundo. Em casa de um ricaço nasceu o ruim, num pobre casebre veio ao mundo o bondoso, cada qual ignorando onde estava o outro. De acordo com a vontade divina, o mendigo esmolando pelo mundo afora, veio parar na cidade onde vivia o rico. Este porém, malvado e avarento, nunca dava esmolas.

"Certo dia, faminto e esgotado, aquele pobre bateu à porta do ricaço, implorando um prato de comida ou um níquel para comprar pão. O proprietário, furioso, enxotou-o, dizendo: 'Não costumo dar esmolas e não é com você que vou fazer uma exceção'. Mas, humildemente, o mendigo insistiu: 'Se o senhor não me der esmola ou comida, morrerei de fome, porque há muitos dias que não como'. E assim, ficaram: o rico sempre a negar e o pobre a suplicar, sem ir embora. Afinal o ricaço, perdendo a paciência, esbofeteou o outro com toda a força. O pobre caiu desmaiado, morrendo em seguida".

— Agora — continuou Baal Schem Tov — que você acaba de ouvir esta história, ainda afirma que não lhe falta nada?

O cidadão, sem responder, caiu desmaiado. Quando voltou a si, chorou copiosamente e disse, arrependido: — Bondoso Rabi, eu sou o tal rico que bateu no mendigo e o matou. Deduzo, pelo que me contou, que sou o mau amigo, condenado a viver no inferno. Que poderei fazer agora para corrigir o meu grave erro, para reparar o grande mal que fiz e conseguir a minha salvação?

— Aconselho-o — disse Bescht — a procurar os filhos desse pobre homem. Talvez os encontre. Ajude-os o mais que puder e encontrará um enorme lenitivo para o seu corpo e para sua alma.

Seguindo as instruções, ele vasculhou com afinco por todos os lugares do mundo e teve êxito, encontrando a família do amigo na mais completa pobreza. Deu-lhes parte de sua fortuna e nunca deixou, por um só minuto, de cuidar deles.

Tornou-se um dedicado seguidor de Baal Schem Tov.

O MAGUID

O Rabi Schmerel, *maguid* de Werchava, havia sido anteriormente muito rico, possuindo uma fortuna de mais de três mil moedas de ouro. Quando Baal Schem Tov passava por aquela cidade, sempre se hospedava em sua casa.

Apesar de toda a sua riqueza, vivia angustiado por ser sua prole composta só de filhas e desejava fervorosamente um varão; mas nunca teve coragem de falar a esse respeito com o Baal Schem Tov.

Certa vez, quando o mestre se despedia, já sentado na carruagem, dirigiu-se à esposa de Schmerel: — Veja lá, que nasça desta vez um menino, senão você terá que se haver comigo!

De fato, veio o tão desejado garoto, que mais tarde se tornou o afamado Rabi David, de Schenik.

Depois do nascimento, o pai, muito feliz, foi comunicar ao Baal Schem Tov, levando-lhe um régio presente, que foi recusado. Schmerel, não se conformando com a recusa, insistiu para que aceitasse aquelas cincoenta moedas de ouro, pois sempre lhe dera cinco moedas quando nascia cada menina, e agora, com a vinda do menino, ele tinha de aceitar.

Mas o mestre explicou: — Saiba que você vai perder toda a sua fortuna; deram-lhe opção de escolher o dinheiro ou um filho e eu tomei a liberdade de preferir o melhor para a sua felicidade. Portanto, guarde esse dinheiro, irá precisar dele.

Realmente, o Rabi Schmerel perdeu todos os seus haveres, mas nunca se queixou, sempre estava alegre; escolheu a profissão de *maguid*, sentindo-se completamente realizado e sempre agradecendo a D-us a dádiva maravilhosa que recebera.

RABI MEHELE: "IEHIEL MIHAL"

O Rabi Mehele (Iehiel Mihal era o seu nome), famoso *maguid* de Zlotschov, foi visitar Baal Schem Tov numa sexta-feira de manhã, mas ao vê-lo o mestre disse: — Volte com urgência para sua casa.

Porém, o visitante pensou: "Como e onde poderei conseguir condução, agora, justamente na véspera do sábado?" E dirigiu-se à Sinagoga para rezar.

Quando voltava junto com os outros discípulos para a casa do Baal Schem Tov, onde costumava almoçar, o mestre falou de novo: — Coma depressa, pois logo você conseguirá uma carruagem para voltar.

Quando terminou a refeição, saiu para a rua e encontrou um conterrâneo amigo que era cocheiro e estava voltando para sua cidade; combinaram que iriam juntos.

Na despedida, o mestre avisou que ainda chegaria naquele mesmo dia e encontraria sua esposa em difícil trabalho de parto. — Aconselho-o, pois, a afastar da cabeceira dela todas as pessoas que a estiverem rodeando. Peça gentilmente que esperem noutra sala e depois, quando vocês dois estiverem a sós, sussurre ao seu ouvido: "Tenho fé em sua ajuda, ó D-us!" e ela terá logo a criança.

Por incrível que pareça, chegaram às duas horas da tarde. Quando entrou em casa, tudo aconteceu como o Baal Schem Tov havia previsto e o Rabi seguiu religiosamente todas as instruções.

Nasceu um robusto garoto, que mais tarde foi o Magnânimo Rabi Yossef, de Iampoli — bendita seja sua memória!

RABI GUERSCHON

Quando vinha de Israel, procurar uma noiva para seu filho, o Rabi Guerschon, sentado numa espreguiçadeira no passadiço do navio, meditava, fitando ao redor o oceano e pensou que, se D-us permitisse que a viagem transcorresse sem incidentes, faria uma visita a seu cunhado Baal Schem Tov.

Tudo correu bem e, ao chegar, rumou imediatamente para Mesebitsch para cumprir à risca a resolução feita na viagem: foi diretamente à casa do mestre.

Chegou no exato momento em que Baal Schem Tov começava a dizer a Min-há da sexta-feira. Acompanhou-o iniciando suas preces pausadamente; leu, em seguida, o trecho da Bíblia correspondente àquela semana e foi deitar-se para descansar da longa viagem.

Como era seu hábito, Baal Schem Tov continuava ainda a orar a Min-há de pé e só terminou quando começaram a aparecer as primeiras estrelas no firmamento.

Mais tarde, à mesa do jantar, o cunhado perguntou: — Por que suas rezas foram tão longas? Eu também disse devagar e com todo o fervor, revi uma parte da Bíblia e então me recostei...

Baal Schem Tov explicou: — Quando pronuncio Mehaieh Metim vêm a mim tantas almas pedindo que com minhas rezas interceda para sua absolvição, que procuro, na medida do possível, orando fervorosamente, que todas possam ser atendidas; é por esta razão que demoro tanto.

O Rabi Guerschon replicou, sorrindo: — E por que é que elas não vêm a mim?

Com sua habitual calma e bondade, Bescht acatou a brincadeira: — Não seja por isso. Se você ficar aqui mais um sábado, eu lhe transmitirei os pensamentos elevados, especiais para a ocasião e elas também o procurarão.

O cunhado aceitou de boa vontade o gentil convite e quando, na sexta-feira seguinte, começou a dizer as preces e os ensinamentos orientados pelo Baal Schem Tov, este, por precaução, ficou a observá-lo de perto, porque sabia que ele ainda não estava à altura de suportar tão grande responsabilidade. Talvez não conseguisse alcançar a finalidade desejada. Realmente, quando o Rabi Guerschon começou a dizer Mehaieh Metim, seguindo as instruções, viu que cada vez mais apareciam almas e mais almas e mais almas. Assemelhavam-se a um enorme exército que desfilava numa passeata sem fim. Não conseguiu controlar-se e se apavorou de tal maneira que desmaiou. Foi socorrido imediatamente por Baal Schem Tov que o aconselhou a ser prudente e não mais experimentar, pois não estava bem preparado. Suas condições ainda não eram favoráveis.

Ao jantar, Baal Schem Tov lhe falou: — Espero que este exemplo lhe sirva de lição, para que em ocasiões futuras você acate com mais seriedade, sem ironizar, os fatos das passagens elevadas que costumo descrever para você.

Além de sua admiração e respeito por Baal Schem Tov, esta ocorrência fez com que mais se estreitasse sua união, pois o Rabi Guerschon reconheceu mais uma vez a grandiosidade, bondade e pureza de coração que emanavam dos ensinamentos do mestre.

RABI DAVID DE MIKOLAIEV

Os dias festivos, Rosch Haschaná, Yom Kipur e Sucot, o Rabi David de Mikolaiev costumava passá-los junto ao Baal Schem Tov.

Em certa ocasião, um contratempo o impediu de ir no Ano Novo para Mesebitsch. Porém, depois de vencidas algumas dificuldades, conseguiu empreender viagem na véspera do dia da expiação.

Ao entardecer, não muito longe de seu destino, quando parou numa estalagem, surgiram alguns judeus que lhe suplicaram: — Somos nove ao todo, pedimos que seja o décimo, para podermos proceder às orações do Yom Kipur.

Já estava quase aceitando o convite, pois sabia ser grande *mitzvá* completar o *minian*. Porém, ao relembrar todos os aborrecimentos e sacrifícios passados para estar naquele dia perto do mestre, e tendo D-us permitido a sua vinda e estando tão próxima aquela cidade, ordenou ao cocheiro que prosseguisse a viagem.

Quando chegou, Baal Schem Tov já havia rezado a Min-há e não saudou o Rabi David. Só no dia seguinte, ao terminarem as preces de Yom Kipur é que estendeu a mão para ele sem pronunciar uma palavra, com o rosto triste, o que deixou o visitante intrigado porque era muito benquisto.

Nos dias de Sucot, viu que Baal Schem Tov guardava certa distância, evitando-o; ficou muito angustiado, julgou que o Rabi Israel via nele grandes pecados. Repassou na memória todas as suas ações, mas nada encontrou que o condenasse.

Terminadas as festas, no sábado à noite, Baal Schem Tov mandou chamá-lo e disse à queima-roupa: — Você é um assassino inconsciente!

Naquela estalagem onde se negou a ficar para completar o quorum, há setenta anos estava à espera dele uma alma que procurava absolvição, e agora, devido à sua recusa, ela continua a perambular pelo espaço.

Ao ouvir isto, o Rabi David, desesperado, perguntou: — Que posso fazer agora para reparar tão grave falta? Por favor, aconselhe-me e obedecerei.

— Como peregrino, você andará de cidade em cidade, até o momento do perdão. Deverá ficar sempre em solidão, use uma falsa identidade, diga que é um modesto orador e faça pequenas prelações em todos os lugares.

— Até quando?

A resposta foi: — Você saberá quando chegar a ocasião.

O Rabi David vestiu trajes rotos para não ser reconhecido por seus muitos discípulos, seguiu rigorosamente as instruções do mestre. Começou a cumprir sua penitência caminhando pelo mundo afora. Dois longos anos se passaram. Peregrinava sem parar, até que um dia chegou a Slonin, importante cidade da Lituânia, onde foi à Sinagoga, identificando-se como pregador.

O dirigente da Sinagoga recebeu-o muito bem e gentilmente lhe ofereceu hospedagem em sua casa, convite que foi aceito. O anfitrião lhe pediu que recitasse alguns trechos de seus discursos, que foram aprovados, também com o oferecimento de que fizesse a preleção do sábado seguinte no Templo. Porém o Rabi David nada respondeu. Calou-se, simplesmente.

Mas na sexta-feira apareceu um popular orador já muito conhecido ali, e que sempre ficava hospedado em casa do dirigente, em seu melhor quarto. Durante a cerimônia do jantar, indagou quem era o outro visitante e soube ser um colega da mesma profissão. Apenas, devido às circunstâncias, teria sua oração adiada para o sábado seguinte.

O recém-chegado, com arrogância, cumprimentou o Rabi e ordenou que recitasse alguma coisa, mas este ficou em silêncio, o que deixou seu inquiridor muito zangado, a ponto de exigir, gritando: — Quando um homem importante manda, deve ser obedecido.

Humildemente, o Rabi David recitou um pequeno trecho, que foi criticado e ridicularizado pelo vaidoso orador. Com petulância, ele começou a discursar a fim de procurar fazer melhor figura.

Todos comeram e beberam fartamente, procurando sempre honrar o hóspede com elogios e tratamentos especiais, até bem tarde da noite.

O Rabi David se acomodou no chão, como sempre fazia desde que começara as penitências; o quarto do altivo orador foi arrumado e ele também se recolheu. O dono da casa, de tão embriagado, adormeceu debruçado na mesa.

O soberbo visitante, além de egoísta era maldoso. Arquitetou o plano de ir ao quarto do proprietário e pecar com sua esposa, pois no estado em que se achava, o marido nada perceberia. E ela, no escuro, pensaria que era o marido. Dirigiu-se para lá pé ante pé e quando já estava bem próximo da cama ela despertou, perguntando quem estava ali. Assustado, ele fugiu, ela não conseguiu segurá-lo mas apoderou-se do solidéu, arrancando-o da cabeça. Ela começou a fazer tão grande barulho com seus gritos, que o pecador chegou sorrateiramente até o Rabi David, roubou-lhe o solidéu e o colocou sobre sua própria cabeça. Depois voltou ao quarto e se deitou depressa.

Todos acordaram com aquele alarido e o descarado, fazendo de conta que havia sido despertado pela confusão, falou: — Que aconteceu? Chamem um empregado para acender as luzes e veremos quem é o culpado.

Iluminada a sala, o malandro se dirigiu ao Rabi David e lhe deu um forte pontapé, gritando: — Pecador, você está dormindo sem o solidéu!

Mandou que o amarrassem e levassem para a cozinha dizendo que o julgariam depois do término do sábado.

Pela manhã, no Templo, fingindo ser o mais puro e inocente dos homens, aproveitou a prédica para dizer que a cidade estava impura, devido ao que havia acontecido em casa daquele bondoso homem; convidou todos para presenciarem o castigo que dariam ao culpado, na reunião da noite. Esperava que a lição servisse de exemplo a todos, ainda em tempo de redimir-se.

À noite, com a casa repleta, trouxeram o Rabi David e o colocaram no meio da multidão e o pretensioso intrigante se dirigiu a ele: — Confesse, diante de toda esta coletividade, que você pretendia pecar.

Porém, o Rabi David nada disse. O orador, nervoso, berrou: — Chicoteiem-no até confessar!

Mas, assim que o deitaram sobre a mesa para castigá-lo, não se sabe de onde nem como, se ouviu uma enorme algazarra, acompanhada de fortes batidas nas janelas e portas e uma voz grossa que falava bem alto: — O Rabi David de Mikolaiev está aqui.

Todos ficaram atônitos e saíram logo para verificar, mas voltaram surpresos sem nada ter visto. Recomeçaram a pensar em aplicar ao Rabi o castigo, mas o barulho se tornou muito mais intenso que o primeiro. Continuaram aterradoras as batidas nas portas e janelas e aquela voz forte ainda mais alto: — O Rabi David de Mikolaiev está aqui!

Vasculharam novamente, verificaram tudo, com o resultado anterior. Nesse meio-tempo, o falso juiz, perdendo a paciência disse com raiva: — Além de pecador, também é feiticeiro. Surrem-no até confessar.

Com toda a força começaram a maltratá-lo mas a casa se pôs a tremer e todos ouviram claramente a mesma estrondosa voz: — Rabi David, por que você se conserva em tão absoluto silêncio? Ele respondeu: — Como posso reclamar, se estou sofrendo tudo pelos meus pecados? Esta é a minha penitência.

O povo, estarrecido, cessou logo as chibatadas. Não conseguia decifrar o que estava acontecendo. Alguém lembrou que na cidade moravam duas pessoas que haviam conhecido o Rabi David. Foram buscá-las e estas, além de o reconhecer, indagaram chorando: — Que está acontecendo? Que é que o Senhor está fazendo aqui? Por que aconteceu tudo isto?

Então o Rabi esclareceu: — Em primeiro lugar, sou inocente da infâmia de que me acusam. Estou aqui por instruções de Baal Schem Tov, devido a uma penitência que tive de cumprir, porque falhei no auxílio para absolver uma alma; a recomendação de não revelar o meu nome e ficar sempre calado era rigorosa. Mas como vocês perguntaram, e essa indagação veio dos Céus, fui obrigado a responder, pois não poderia faltar com a educação e o respeito.

Em seguida, continuou: — Agora, senhores, fiquem sabendo que o pecador é este arrogante pregador. Naquela noite, ele roubou o meu solidéu e o colocou depressa em sua cabeça. Como prova de que o barrete me pertence, peço-lhes a fineza de descosturarem o forro e acharão em seu interior um camafeu pregado, que sempre me acompanha.

Tiraram o solidéu da cabeça do farsante e abriram o forro. Fez-se a prova com o encontro do camafeu. Furiosos com tamanha falsidade, os presentes avançaram sobre o pecador, lhe aplicaram uma bem merecida surra. Em seguida o expulsaram da cidade. Todos, arrependidos, pediram desculpas ao Rabi David e o honraram com atenções de que era merecedor e também para atenuar um pouco a ingraditão de que fora alvo.

Feliz, ele voltou ao seu lar. Agradeceu a D-us por lhe ter dado tanta força para suportar a penitência e assim poder ajudar aquela pobre alma para que fosse absolvida.

RABI WOLF E RABI DAVID

Quando Baal Schem Tov fixou residência em Mesebitsch, o Rabi Wolf e o Rabi David não se conformaram com que ele permitisse ser cognominado de Baal Schem, pois diziam que um *tzadik* não precisa usá-lo. Também eram contrários ao seu movimento.

Certa vez, um homem piedoso e muito erudito, amigo de ambos, adoeceu gravemente; quando foram visitá-lo, rebelaram-se contra a idéia de que queria chamar Baal Schem Tov para examiná-lo. Porém, como piorou o estado do enfermo, aceitaram a sugestão e pediram ao amigo que lhes contasse tudo sobre aquele encontro.

Ao chegar, Baal Schem Tov pediu amavelmente que todos se retirassem do quarto, mas um rapaz curioso o enganou e ficou escondido ali. Falou então o mestre ao enfermo: — Saiba que a morte está próxima. Entretanto, ainda há uma coisa que você não procurou corrigir. Por esta razão, deve fazer continuadas preces de arrependimento.

O motivo, porém, não foi aventado. O doente replicou: — Realmente, por diversas vezes tentei corrigir este grave erro, mas que posso fazer agora?

Mas Baal Schem Tov o acalmou. — Não se preocupe, talvez consiga que lhe perdoem ao ver o seu arrependimento sincero. Assim as dificuldades serão afastadas e poderá ser introduzido por mim no paraíso. Entretanto, guarde absoluto segredo do que estamos conversando, nada revele.

Os dois amigos, assim que viram Baal Schem Tov se retirar, foram insistir junto ao doente para que lhes contasse o que ele havia dito, mas este conservou-se em silêncio.

Porém o rapaz, saindo do esconderijo, relatou o que ouvira com minúcias e o enfermo não pôde deixar de confirmar.

Os dois ficaram pasmos: como poderia Baal Schem Tov conhecer os julgamentos do Plano Superior e interferir com quem deveria ou não alcançar o paraíso? Por isto, obrigaram o amigo a prometer-lhes que voltaria após sua morte para lhes descrever pormenorizadamente o que aconteceria.

Realmente, depois do desencarne o amigo cumpriu a palavra. Veio e narrou aos dois que não sabia através do intermédio de quem havia entrado no paraíso. Também não encontrava um lugar definitivo; quando principiava a se acomodar, alguém o desalojava: "Continuei vagando sem compreender a razão daquela falta de um lugar para mim e pensei: Baal Schem Tov me garantiu que eu entraria aqui mas não tenho sequer um cantinho ... Certa vez, vi que todos que ali estavam iam entrando noutro recinto e eu, curioso, os acompanhei. Sentei-me também à mesa, mas, amavelmente, eles foram me afastando, de um lugar para outro, porque cada qual tinha o seu próprio. Acabei ficando parado, em pé, na ponta da mesa. Só então percebi a presença de Baal Schem Tov entre eles, citando trechos da Torá. Em dado momento ele fez uma pergunta à qual ninguém pôde responder. Ele a explicou detalhadamente. Quando todos se retiraram, perguntei-lhe: 'Por que é que eu não tinha ali um lugar marcado para mim?' Ele me respondeu: 'Você não manteve a palavra dada'''.

No término do sábado, o Rabi Wolf e o Rabi David foram à casa do Baal Schem Tov. Durante a ceia, ele lhes fez a mesma pergunta. Eles responderam com precisão e rapidez. O mestre, sorrindo, comentou — Sei quem contou a vocês esta resposta.

Desta ocasião em diante, tornaram-se fervorosos adeptos de Baal Schem Tov e não duvidaram mais dos seus ensinamentos.

RABI ABA DE KRIVITZ

Em Krivitz, na casa do Rabi Aba, estava hospedado um seu parente próximo, também afamado rabino. Quando ambos estudavam com afinco, procurando solucionar um dos temas mais difíceis da Mischná, foram interrompidos com o aviso de que Baal Schem Tov se aproximava para lhes fazer uma visita. Aquela notícia não os abalou pois não eram seus adeptos e o Rabi Aba nem sequer se deu ao trabalho de fazer as honras da casa, como é de hábito, indo recebê-lo à entrada.

Introduziram Baal Schem Tov na sala onde estavam os dois a discutir acaloradamente certo trecho e o visitante perguntou qual era o motivo do debate. O anfitrião, mal-humorado, mostrou-lhe uma parte completamente diferente daquela sobre a qual havia a polêmica:

Porém Baal Schem Tov, sem demonstrar o mínimo rancor ou mesmo revolta, falou calma e pausadamente: "O tema sobre o qual estão questionando não é este. Como vocês julgam que nada entendo, resolveram mostrar-me outro. Saibam que o texto que os confunde é o seguinte, cuja interpretação deve ser esta" e assim Baal Schem Tov foi esclarecendo de modo tão objetivo que os dois ficaram atônitos, por não o terem interpretado de maneira tão fácil e interessante.

Arrependidos e envergonhados pelo péssimo comportamento, sobretudo no que concerne à praxe de um educado anfitrião como é de receber um hóspede à porta da entrada, pediram desculpas.

Reconheceram seu erro, e dessa época em diante trataram Baal Schem Tov com muito respeito e admiração. O Rabi Aba tornou-se um de seus fiéis seguidores e o visitava assiduamente.

RABI IEHIEL DE KAWEL

Quando o Rabi Iehiel era conselheiro da comunidade de Kawel ouvia sempre narrações e comentários sobre as fantásticas histórias de Baal Schem Tov. Quis certificar-se, mas impossibilitado de comprová-las pessoalmente, resolveu mandar um mensageiro para investigar. Escolheu um amigo de sua inteira confiança que era homem bastante culto e inteligente.

No meio da viagem, este senhor adoeceu, mas conseguiu chegar a Mesebitsch, depois de inúmeras dificuldades; lá, pessoas caridosas o levaram a uma hospedaria e o deitaram logo, devido a seu grave estado febril.

Ao saber do caso, Baal Schem Tov pediu ao cunhado, o Rabi Guerschon (já então seu fervoroso adepto) que fizesse o obséquio de visitar o doente em seu nome.

Ele entrou no dormitório, exclamando: — Levante-se logo, porque está na hora de ir à Sinagoga dizer a Min-há.

O enfermo, pensando ser Baal Schem Tov, ergueu-se e lentamente começou a andar, sentindo-se melhor e a cada passo percebia que as forças iam voltando, a ponto de estar completamente curado quando entrou na Sinagoga.

Admirado com o que acontecia naquela melhora brusca, perguntou ao companheiro se ele era o famoso Baal Schem Tov. Ao que o Rabi respondeu: — Quem me dera, assim D-us permitisse que eu tivesse o merecimento de chegar à pureza da fumaça do seu cachimbo!

Ao ouvir este elogio sincero de um dos discípulos, o doente compreendeu como eram puras e reais a grandeza e bondade de Baal Schem Tov, visto que um de seus seguidores havia conseguido o milagre de curá-lo rapidamente.

RABI DE HALITCH

Fazia longo tempo que Baal Schem Tov estava em Halitch, cidade em que residia um grande Rabino, conhecedor profundo das leis talmúdicas e contrário às idéias do mestre; porém, como era muito curioso, costumava observar Baal Schem Tov com desconfiança, procurando constantemente descobrir a raiz fundamental de seu comportamento, quando em meditação elevada.

Às sextas-feiras, Baal Schem Tov ia à Sinagoga rezar a Min-há às dezesseis horas. Na oração, que proferia o tempo todo de pé, com o rosto voltado para o nascente, Schmone Esré, ele ficava duas horas em intenso enlevo meditativo. Chegava mesmo a se transportar para um plano superior, mais sublime.

O Rabino não conseguia compreender como uma pessoa suportava permanecer tanto tempo em pé, em preces extasiadas, completamente absorto, como se o mundo não existisse a seu redor.

Não resistindo à curiosidade, seguiu Baal Schem Tov quando este foi à Sinagoga, esperou um pouco e depois se aproximou. Então, caiu desmaiado e custou muito a recobrar os sentidos.

Mais tarde, descreveu o que vira: "O corpo de Baal Schem Tov estava completamente enrijecido e de seus olhos vidrados caíam lágrimas em abundância". Assustara-se tanto que chegou a perder os sentidos.

Desde então, jurou a si mesmo não duvidar mais, ser um humilde seguidor de Baal Schem Tov a quem reconhecia como um ser superior, cuja devoção a D-us era indescritivelmente miraculosa.

RABI NAHAM DE KOSSOV

Baal Schem Tov e o Rabi Naham, de Kossov, discutiam freqüentemente temas talmúdicos e nem sempre estavam de acordo com as soluções. Mas, quando alguém, fosse quem fosse, ousava criticar o mestre, o Rabi Naham, irritado, o defendia com todo o ardor, citando a seguinte parábola:

"Num país longínquo resolveram mandar confeccionar uma coroa para o império. Escolheram pessoas aptas e também afortunadas, para que pudessem financiar os gastos. Designaram outras pessoas habilitadas, conhecedoras de diversos setores, para a aquisição de materiais, necessários à realização da obra de inestimável valor artístico. Contrataram dois dos mais hábeis artífices para que orientassem sobre qual a maneira melhor de executar a jóia, a forma especial e o local exato onde deveria ser incrustada a enorme pedra preciosa, tradicional, parte preponderante do brasão real.

"Porém os dois artesãos discordavam num ponto crucial, sobre o último item: um preferia que fosse embutida num certo ponto e o outro achava que ficaria melhor noutro lugar. Nunca chegavam a uma solução satisfatória para dar início à obra. Os encarregados da supervisão na entrega do material e responsáveis pelo pagamento das despesas, quando verificaram aquela desavença se alhearam completamente do assunto coroa. Por sua vez, os artífices, sem material para o trabalho e sem ordenado para seu sustento, também abandonaram tudo, muito embora já tivessem entrado em entendimento quanto ao assunto causador da polêmica.

"A nação aguardava, antecipadamente agradecida, a entrega da coroa, em data já fixada. Já tinha sido preparada uma festa suntuosa e convites haviam sido enviados a diversos países.

"Mas, no dia marcado, uma enorme decepção os aguardava: nem coroa, nem comemoração. Os dirigentes, envergonhados com tamanha falha, procuravam desculpar-se junto aos mensageiros estrangeiros que protestavam contra aquela farsa e alegavam ter sofrido uma enorme desfeita. Tentaram acalmá-los com a afirmação de não terem culpa, pois haviam tomado todas as providências e não compreendiam o motivo daquela omissão.

"Irritado, furioso, o rei convocou com urgência a presença dos artífices para saber a causa e com os esclarecimentos dados mandou buscar os supervisores encarregados do andamento do trabalho, que disseram ter suspendido os fornecimentos, por verificarem que ambos não concordavam com o desenho.

"Mais zangado ainda por ser uma razão tão banal, o monarca falou: 'Que tinham vocês a ver com a contenda entre os dois artistas? Esquecem que devido àquela dúvida a coroa poderia ser ainda mais bela? Se um pretendia capricha-la a seu modo e o outro não concordava, poderiam ter criado duas jóias, cada qual da forma que imaginavam e desejavam. Vocês prejudicaram o trabalho maravilhoso que poderia ter sido criado. Tinham a obrigação de fornecer tudo conforme foi combinado, sem dar ouvidos ao que se passava entre os artistas'. O rei decretou sentenças severas, castigando assim os tratantes".

— O mesmo acontece aqui conosco. Que têm vocês a ver com o que eu e Baal Schem Tov questionamos sobre as obras do Criador? O que realmente interessa são os nossos pensamentos diretamente ligados à Honra e à Grandeza de D-us. Eu examino e estudo de um modo que me agrada; Baal Schem Tov faz a mesma coisa de outra maneira, de um jeito que o satisfaz. Mas vocês não têm o direito de falar mal dele.

RABI DOV BER

Morava em Turtchin o bondoso Rabi Dov Ber (mais tarde tornou-se o Grande *Maguid* de Mesritsch) que era muitíssimo inteligente e estudioso. Afamado por seus conhecimentos do código das leis judaicas, pela profunda erudição da Cabala, devoto convicto, jejuava habitualmente de sábado a sábado, para purificar-se através do sacrifício. Talvez fosse esta uma das razões de sua saúde fraca, o que não impedia a elevação de sua alma.

Certa vez, o conhecido *hassid* Rabi Mendel, de Baar (que sua Graça nos proteja!), ao passar pela cidade foi visitar o Rabi Dov Ber para comentar alguns trechos da Torá. Mas observou que ele estava muito doente. Não querendo assustá-lo, muito menos melindrá-lo, mas apenas orientá-lo, para seu benefício, perguntou: — Rabi, por acaso já ouviu comentários sobre o que tem conseguido o Rabi Israel, chamado por todos, com acerto, de Baal Schem Tov?

Porém a resposta veio brusca e rápida: — Mais vale a fé no Todo-Poderoso do que num ser humano. Desculpe-me, não procurarei ninguém.

Todavia, não querendo parecer mal-educado em contrariar seu visitante de honra que pedia insistentemente, resolveu atender e foi procurar Baal Schem Tov.

Durante a viagem, por diversas vezes, teve ímpetos de ordenar ao cocheiro que voltasse, pois achava que seria mais proveitoso se estivesse dedicando aquele tempo perdido aos estudos. Afinal, para seu alívio, chegou ao destino e se encaminhou diretamente à casa de Baal Schem Tov, onde foi muito bem recebido; porém, para sua mais completa decepção, a conversa girou apenas sobre assuntos corriqueiros, sem nenhum comentário profundo sobre a Torá. Mas, sem desanimar, com uma vontade férrea de aprender, resolver tentar outro encontro com Baal Schem Tov. Esta tentativa também falhou: discorreram só sobre coisas fúteis e banais, o que muito o contrariou.

Arrependido de ter feito inutilmente uma viagem tão longa, negligenciando por alguns dias seus importantes estudos, tomou a resolução de regressar com urgência. Foi comunicar ao cocheiro que fizesse os devidos preparativos, pois partiriam assim que a lua surgisse.

À noite, quase na hora de partir, foi despedir-se de Baal Schem Tov que lhe ofereceu uma cadeira e perguntou: — Você conhece a Cabala?

— Sim.

Então Baal Schem Tov pegou o livro *A Árvore da Vida* e mandou que ele o abrisse ao acaso, lesse com atenção e o interpretasse. O tema era o que tratava da natureza dos anjos. O Rabi Dov Ber o narrou da melhor maneira que havia entendido. Baal Schem Tov comentou: — Muito bem descrito, porém você não pôs nele toda a alma. Veja como o recito.

Pouco a pouco, o Rabi Dov Ber foi ficando cada vez mais empolgado, levantou-se deslumbrado e ficou num estado de êxtase tão profundo que desmaiou.

Assim que recobrou os sentidos, viu que o quarto estava da mesma maneira, porém com a diferença de estar vislumbrando uma intensa luminosidade, não só ali como em toda a casa. Percebeu então que os segredos da Torá lhe haviam sido totalmente revelados. Dirigiu-se à hospedaria, dispensou a carruagem e resolveu fixar residência em Mesebitsch, para ficar junto de Baal Schem Tov, reconhecendo a sua grandeza.

Diariamente, pela madrugada, Baal Schem Tov ia à casa do Rabi Dov Ber, onde estudavam juntos, aprofundando e esmiuçando cada trecho e cada palavra da Torá. Porém, um dos mais destacados alunos do Baal Schem Tov, o Rabi Volf Kitzes, descobriu que o mestre saía todas as noites, antes do alvorecer. Resolveu segui-lo e assim fez durante alguns dias, para certificar-se bem do local. Aproximou-se da janela entreaberta e ouviu com nitidez a voz de Baal Schem Tov a estudar com o Rabi Dov Ber o tema da "Carruagem de Fogo", visualizada e citada pelo profeta Ezequiel.

Enciumado, o aluno procurou Baal Schem Tov, queixando-se de que o mestre não estudava daquela maneira com ele.

Humildemente, Baal Schem Tov esclareceu: — Que posso fazer? Nunca, em minha longa vida, deparei com alguém, que tivesse a receptividade magnética do Rabi Dov Ber... Gostaria muito de estudar assim com todos vocês, mas não encontrei até hoje um sequer que tivesse essa capacidade de compreensão, essa receptividade tão elevada e uma assimilação tão perfeita, completa mesmo.

Estas palavras sinceras fizeram o reclamante refletir profundamente; arrependido, começou a procurar a companhia do Rabi Dov Ber, de quem se tornou um dos mais dedicados amigos e adeptos.

O Rabi Dov Ber, mais tarde denominado "Grande *Maguid* de Mesritsch" teve inúmeros discípulos e a todos, sem exceção, explicava que tudo aquilo que ensinava lhe havia sido transmitido com amor, paciência e dedicação, pelo Grande e Magnânimo Baal Schem Tov (Bendito seja!).

HUDEL — FILHA DE BAAL SCHEM TOV

Como é do conhecimento, Baal Schem Tov não teve descendência masculina, só uma filha de nome Hudel. Por longo tempo depois de casada, ela não conseguiu engravidar, o que a deixava angustiada; chegou mesmo a implorar, chorando desesperadamente, que seu pai a abençoasse a fim de que pudesse conceber.

Serenamente, Baal Schem Tov lhe disse: — Tranqüilize-se, minha filha, tenha mais um pouco de paciência que você será ajudada, na ocasião propícia, por um de meus discípulos.

Quando comemoravam, alegremente reunidos em casa de Baal Schem Tov, a Simhat Torá, comendo, bebendo, dançando e cantando, como se estivessem desligados de tudo, só existindo naquele momento a alegria de viver, de repente, um dos alunos, parou de voltear por ter perdido um pé de suas pantufas, que havia sido lançada para bem longe, num rodopio mais forte. Então, ele gritou bem alto e em russo: — Hudel, se você achar e me entregar a minha pantufa, terá um filho ainda este ano.

Ao ouvir estas palavras, Baal Schem Tov falou à filha: — Depressa, dê-lhe o mais rápido que for possível a chinela. Vá logo.

Então, muito aflita, ela começou a procurar por toda parte, sem encontrar. Desesperada com a busca infrutífera, descalçou suas próprias pantufas e as entregou ao rapaz.

Então ele respondeu, novamente em russo: — Como você me trouxe duas, terá dois filhos.

De fato, no decorrer daquele ano, Hudel teve gêmeos, que seguiram orgulhosamente a tradição e os elevados sentimentos do avô; com sua sabedoria difundiram a Bondade, a Humildade e a Caridade, através das profundas preleções a seus discípulos.

Um deles foi o Santo Rabi Mosche Haim Efraim de Sadilkov e o outro o Grande Rabi Baruch de Mesebitsch. Benditos sejam!

PASSAGEM PARA A VIDA ETERNA

Baal Schem Tov, pouco antes de falecer, apesar de não ficar acamado, sentia as forças se exaurirem dia a dia; entretanto, com vontade inquebrantável, comparecia diariamente à Sinagoga para as costumeiras orações.

Seu passamento ocorreu no primeiro dia de Schavuot.

Algumas semanas antes, isolou-se completamente de todos e se enclausurou num quarto separado, após o término das preces matutinas.

Preocupadíssimos, os alunos, vendo-o em tão grande prostração física e definhando a olhos vistos, clamavam fervorosamente aos Céus, orando e implorando por sua saúde.

Porém Baal Schem Tov, com sua costumeira tranqüilidade e resignada convicção, como se estivesse a expor uma de suas preleções, dizia: — Por que rezam e gritam inutilmente? Conformem-se, minha hora está chegando!

Na véspera do Schavuot, como de costume, reuniram-se para passar a noite estudando e Baal Schem Tov fez comentários sobre a Revelação no Monte Sinai, citando elevadas comparações.

Pela manhã, exausto, deitou-se e chamou dois de seus mais íntimos adeptos, pertencentes à Irmandade dos Funerais. Explicou como deveriam proceder com o seu corpo e com seu enterro. Explicou ainda, mostrando membro por membro, como a alma se esforçava por abandoná-lo. Pediu que se recordassem das lições que haviam sido aprendidas e aplicadas em outros, naquela hora derradeira. Ordenou que os discípulos se reunissem e permanecessem ali para o *minian* e segurando firme o *sidur* falou: — Vou ocupar-me um pouco mais de D-us.

Depois de algum tempo, fez esta observação aos alunos que o rodeavam carinhosamente, comovidos: — Não é por mim que me preocupo, pois tenho certeza de que, por uma porta que eu saia, outra se abrirá para que eu entre... Só agora estou compreendendo melhor por que vim ao mundo!...

Sentou-se com dificuldade na cama, e recostado nos travesseiros citou: "Os caminhos pelos quais as almas sobem do Paraíso Inferior ao Superior, para alcançar a Árvore da vida eterna!" Avisou então que, quando exalasse o último suspiro, todos os relógios da cidade parariam.

Deitou-se novamente, cobrindo-se com o lençol da cabeça aos pés e ainda o ouviam em preces elevadíssimas, murmurando: "Meu D-us, Senhor de todos os mundos!" e também em seguida, a parte dos Salmos: "Que não chegue a mim o ensejo do orgulho!"

Os seguidores incumbidos de cuidar do seu corpo e do funeral, contaram ter visto, naquele exato momento, a alma do querido e venerável mestre subindo aos Céus sob a forma de uma chama azulada.

QUE SUA INFINITA BONDADE REPOUSE SEMPRE SOBRE TODA A HUMANIDADE!

HAIM — O GALITZIANER

Haim nasceu em Czeszeniov, na Galitzia, quando esta pertencia à Áustria. Era um rapaz inteligente e esperto, sempre amparado pela ajuda divina, nos momentos mais perigosos, conseguindo sair ileso nas horas mais difíceis.

Na idade militar procurou por todos os meios livrar-se da convocação, mas em 1914 foi chamado e não teve outra alternativa senão apresentar-se, pois a Áustria estava em guerra com a Itália. Preenchidos os formulários de praxe, foi submetido ao exame médico. O médico, anti-semita ferrenho, tendo-o examinado apenas superficialmente, declarou-o apto, designando-o para o batalhão de treinamento que deveria seguir dentro de um mês para a zona de combate.

Nesse período de tempo aprendeu a lidar e exercitar-se com as armas de ataque e defesa, como também aprendeu canções e hinos patrióticos alemães. Desde o primeiro instante, seu comandante, o Dr. Epstein, israelita muito educado e culto, importante advogado vienense, logo simpatizou com Haim. Antes da partida, eram concedidas seis horas para que os rapazes se despedissem da família e dos amigos. Sua mãe, Feigue, e seus irmãos menores obtiveram permissão para voltar à cidade natal, que havia sido libertada pelos russos.

Na estação ferroviária, em meio às clamorosas ovações da multidão, todos uniformizados a caráter, com penachos e distintivos nos quepes, ouviram intermináveis discursos e orações de padre, pastor e rabino. Seguiram de trem até Udine, cidade italiana em poder dos austríacos, mas de lá até os campos de batalha o percurso era feito a pé, por uns doze quilômetros. Marchavam entre perigo constante de tiroteios de espingardas e fuzis inimigos, acompanhados pelo troar ensurdecedor dos gigantescos canhões. Muitos de seus companheiros foram atingidos, sem chegarem a alcançar a verdadeira frente de combate.

Ao redor, tudo era desolação, destruição, ruínas, cinzas, conseqüências trágicas da guerra. Os estrondos estarrecedores que faziam estremecer a terra sob seus pés, a horrenda paisagem, pavoroso quadro de sangue, gemidos e gritos de socorro, deixaram Haim apavorado. Depois teve disenteria e febre altíssima, sendo sua doença contagiosa por vírus. Imediatamente, foi retransportado de volta a Udine, onde o internaram no isolamento do Hospital de Campanha.

Com os avanços e vitórias constantes do inimigo, as tropas foram obrigadas a evacuar a cidade, tomando o rumo do Norte, em direção a Lubatchov (que distava somente sete quilômetros da cidade natal de Haim) e onde havia um Hospital Epidêmico, destinado à cura de moléstias infecto-contagiosas. Com sua perspicácia, Haim verificou que os doentes que ali eram internados, acometidos por febre tifóide, difteria, cólera, varíola, disenteria por vírus e outras doenças infecciosas, mesmo depois de curados, eram considerados inaptos para voltar à luta, por serem julgados transmissores. Foi incluído na lista dos pacientes e após a alta continuou a perambular pelo hospital, trabalhando em diversos setores, dando o melhor de si, ajudando ao máximo, muito querido por todos. Este fato veio confirmar que uma sorte incomum o acompanhava sempre nas horas mais atribuladas, pois a salvação aparecia no momento exato.

Num belo e ensolarado domingo de verão, como se tivesse havido um eclipse total, surgiu a infausta notícia do levante do exército polonês que retomava parte da Galitzia, acontecimento que influiu profundamente em todos os judeus galitzianos. Houve uma enorme transformação no sentimento geral: imaginavam todos ter vindo um "Salvador", do qual a "elite" tinha se afastado totalmente havia muito; era uma nova juventude, completamente contrária ao invasor, por diferenças palpáveis no que concernia aos aspectos artísticos e culturais.

Na realidade, para os israelitas em particular, esta conquista trouxe, além do descontentamento, a grave preocupação de aborrecimentos futuros: o principal motivo era que, mesmo antes de se apossarem definitivamente da Galitzia, os poloneses não escondiam seu anti-semitismo, perseguindo, provocando e desapropriando os judeus, não só de suas casas; tampouco permitiam que usassem seus nomes próprios, tachando-os de "judeus sarnentos e nojentos", tudo sempre na base de pogroms. Só então, os israelitas compreenderam o significado do provérbio citado por nossos mártires sábios: "Mais vale ser um rabo de leão, do que a cabeça de uma raposa". Na verdade, aqueles "heróicos polacos conquistadores" não só cortavam a cabeça, como nem sequer permitiam um pequenino rabo. Interceptavam e bloqueavam, proibiam os movimentos dos judeus para que não pudessem ter uma vida tranqüila e normal.

Ignorando por completo estes trágicos acontecimentos, pois estava praticamente isolado do mundo exterior naquele ambiente hospitalar, Haim transpôs os portões como costumava fazer todas as manhãs, para dirigir-se à pequena Sinagoga Militar, que distava dali dois quarteirões, para ser o décimo e assim completar o quorum para a reza. No caminho divisou com grande espanto alguns jovens poloneses em trajes civis, com velhas carabinas nos ombros. Traziam faixas branco-vermelhas nos quepes, vinham bêbados como Lot, titubeando e o cercaram. Sem quaisquer esclarecimentos, de sopetão, arrancaram-lhe com toda a força o quepe, rasgando o emblema austríaco, substituindo-o pela faixa branco-vermelha e o distintivo de latão com o relevo da águia polonesa. Naquele momento, Haim teve a impressão de que a águia o bicava bem fundo no coração.

Todavia, como de costume, a voz da razão, seu instinto protetor, funcionou de novo, indicando o caminho certo: dominou-se, sorriu cumprimentando e apertando as mãos de um por um e dizendo alto: — Viva a Polônia! Seu rosto transparecia a felicidade. Esta brilhante idéia salvou Haim de muitos transtornos pelos quais passaram outros israelitas. Desistiu de ir à Sinagoga, voltou imediatamente para o hospital, dirigiu-se diretamente para seu quarto. Arrumou seus pobres pertences e saiu, abandonando o território austríaco. Com passos rápidos e largos, dirigiu-se o mais depressa possível para sua cidade natal, Czeszeniov. Ao chegar, todo empoeirado, com o velho uniforme austríaco, mas a insígnia polonesa no quepe, foi recebido com honrarias pelos habitantes que, orgulhosos, viam nele um "patriota polonês". Por esta razão, sentiu menos o ódio brutal que atingia, feria e amargurava os moradores israelitas daquela cidade. Tratavam-no como a um igual, sentindo às vezes que ele também fosse judeu, mas ao mesmo tempo o obsequiavam com inúmeras provas de amizade.

Quando Haim fora convocado em 1914, tinha deixado a cidade bem adiantada e próspera, sua casa era confortável, tinha tudo de bom. Mas, ao voltar em 1918, só encontrou ruínas, desolação, um deserto de cinzas. As casas depredadas, poucas ainda em pé, eram um verdadeiro lixo. Com muita dificuldade e paciência conseguiu limpar um pequeno quarto de pensão, pertencente a uma distinta e bondosa senhora que residia ali com os filhos pequenos. Protegido pelos amigos poloneses, conseguiu renovar a licença dos negócios que pertenciam à sua mãe para recomeçar em novas circunstâncias: leis básicas diferentes, gente nova e esquisita, tudo estranho, principalmente para os israelitas.

A situação era cada vez mais catastrófica, principalmente para os judeus; grassavam epidemias, a resistência física dos doentes era cada dia mais deprimente devido à fome e carestia reinantes nas casas judaicas, na maioria desabrigadas, ao completo relento. Se não fosse a filantrópica ajuda do Joint*, a maior parte da população teria desaparecido. Fator preponderantemente desfavorável no trágico quadro eram as relações nada amistosas entre os israelitas galitzianos e seus novos vizinhos poloneses. Estes, desde os primeiros momentos, após terem dominado o poder, fizeram questão absoluta de demonstrar seu ódio feroz, seu sadismo asqueroso, herdado dos austríacos. Por mais que os judeus se esforçassem por adaptar-se à nova situação, procurando servir bem à Jovem Pátria, para se tornarem bons e honrados filhos da

---

* *Joint:* instituição criada nos Estados Unidos após a guerra para auxiliar os judeus. (N. dos T.)

Polônia, eram repelidos pelo próprio governo, que os afastava brutalmente, dificultando, de todas as maneiras, sua luta pelo sustento econômico. Usavam ofensas cruéis e ainda provocavam de tempos em tempos os pogroms.

Até o rio San, a Galitzia não pertencia oficialmente à Polônia; porém, quando estourou a guerra polaco-ucraniana, foram convocados, mesmo contra a lei existente, jovens israelitas, não pertencentes ao seu domínio. Mesmo assim, sem nenhum protesto, como bons patriotas poloneses, eles atenderam submissos à chamada e tomaram parte na luta, ajudando na libertação de toda a Galitzia, até o Rio Prut.

Haim tampouco relutou quando foi acordado no meio da noite por seus amigos polacos e transportado, com um grupo de rapazes judeus, para o quartel da cidade de Lubatchov, a mesma de onde ele havia voltado cinco semanas antes. Devido à promoção que havia conseguido nas alas do exército austríaco, foi aceito e pouco depois, em consideração à amizade, os poloneses o elevaram a um grau superior. Tratavam-no com muito respeito, eram muito tolerantes, acatando suas ordens, sem reclamar, como a um igual.

Aquele que havia sido um profundo estudioso da Cabala, conhecedor do meio cultural alemão, captou logo a nova realidade e a ela se adaptou. Pesquisou e se entrosou com afinco no íntimo da cultura polonesa, conseguindo tornar-se em pouco tempo o perfeito polaco da crença mosaica, conhecedor dos mínimos detalhes dos usos e costumes. Seus companheiros poloneses sentiam-se muito orgulhosos com ele. Elogiavam-no e chegavam mesmo a chamá-lo carinhosamente de "nosso Haimtche". Fizeram questão absoluta de apresentá-lo ao General, Diretor-Chefe da Organização Tática e Estratégica dos ataques aos ucranianos, insistindo em que ele fosse aceito em seu batalhão, como prova de sua bravura. Numa tempestuosa madrugada de sexta-feira, durante um forte temporal, com a luminosidade dos relâmpagos a riscar os céus, seguidos de fortes trovoadas, foram despertados de repente, com o toque de clarim, dando o alarme de prontidão. Bem treinados, seguiram as instruções, perfilando-se na chuva intensa. Assim ficaram durante algum tempo, molhados, tremendo sob o frio úmido que lhes penetrava fundo nos ossos e aguardando ansiosamente as ordens seguintes. Finalmente, o General apareceu, fez um inflamado discurso patriótico, todos cantaram o hino polonês e seguiram a voz de comando: "Marchar". A tão esperada luta contra os bandos pertencentes ao facínora Petlure da Ucrânia havia começado.

Cabe aqui esclarecer que os "corajosos bandidos ucranianos" só demonstravam seu "heroísmo e força" contra os indefesos e desarmados judeus; porém, assim que ouviam o primeiro disparo de um rifle dos atacantes inimigos, fugiam em desabalada carreira, debandando como ratos perseguidos por gatos. Depois de passado o perigo, com muito mais raiva, voltavam a desabafar sua derrota com uma intensidade rigorosa sobre os israelitas, seu bode expiatório.

Haim sentia-se cada vez mais revoltado e ficava estarrecido ante aquele incontrolável sadismo para com um povo realmente inofensivo, que se encontrava entre dois fogos, pois ele também via que os polacos, seus colegas, abusavam dos judeus, cortando-lhes as barbas e as costeletas, torturando-os com brincadeiras estúpidas e saqueando seus lares. Mas tudo isto que faziam, em questão de malvadezas, era como um grão minúsculo de areia, comparado às demonstrações odiosas dos russos. Quando, no Norte da Galitzia, os poloneses conquistavam cidades, em vez de procurarem espiões russos dos bandos ucranianos que poderiam estar escondidos e armados, prontos para atacar, preferiam primeiro saquear as casas judias, com o pretexto de procurar contrabando. E assim cinicamente, durante estes sujos "controles", carregavam castiçais de prata, casacos de pele, jóias, enfim tudo que de valor encontrassem.

Certa vez, Haim passava por uma estalagem judaica quando viu três soldados de seu batalhão no processo das tais pilhagens vergonhosas e, perdendo a calma, sem pensar no perigo que corria, gritou raivosamente, expulsando-os daquele lar e salvando aqueles irmãos judeus; seu coração sangrava ao ver tanta injustiça, sem se preocupar com as conseqüências que poderiam advir da sua leal atitude.

Um caso mais ou menos semelhante ocorreu quando sua companhia marchava pela estrada entre Stanislavov e Kolomea. Atravessavam um campo próximo da aldeia, quando viram um inofensivo israelita que havia levado seu cavalo a pastar. Um dos soldados, não se conformando que um judeu tivesse um cavalo próprio, saiu da formação e quis arrancar à força o animal das mãos de seu dono. Este, porém, teimosamente, não se acovardou, enfrentou o militar e defendeu o que de direito lhe pertencia. Haim percebeu o que estava acontecendo num relancear rápido, e, sem pensar nas conseqüências, avançou sobre aquele falso herói de guerra, aplicando-lhe um forte sopapo no rosto e obrigando-o com indiscutível autoridade a voltar a seu lugar na fila. Assim, salvou o cavalo que pertencia ao judeu, talvez o único que tivesse para ajudá-lo no trabalho do seu sustento.

Dia após dia, entrando e saindo de cidades e aldeias, em constante contato só com depredações, depravações, pilhagens, perseguições, atrocidades, injustiças, aquele bom e educado Haim foi ficando endurecido. Transformou-se numa fera selvagem, sedenta de vingança que diariamente pensava pedir a D-us que o ajudasse a pegar um dos bandidos de Petlure, para poder desforrar um mínimo do derramamento do sangue inocente dos judeus. De súbito, a oportunidade surgiu, quando estavam acampados no quartel-general da cidade de Kossov. À porta da sala particular de Haim, havia sempre uma sentinela de plantão, para atender e anunciar as pessoas que o procuravam. Justamente naquele memorável dia, o vigia escalado para o serviço era um rapaz judeu, seu conterrâneo e amigo, cognominado por todos de Eliazinho, por sua compleição franzina. Era mais ossos do que carne, pequenino, o quepe quase a cobrir-lhe os olhos e a espingarda duas vezes maior do que ele. Apareceu à sua frente um enorme ucraniano, tão gigantesco quanto Og, a vasta cabeleira toda despenteada assemelhando-se a uma juba. Como resposta à pergunta formal da sentinela, deu-lhe um forte soco na cabeça e um safanão nas costelas, prostrando-o por terra, tonto e quase desmaiado. O brutamontes invadiu a sala, com um sorriso de triunfo nos lábios e dirigiu-se ao Haim pedindo-lhe salvo-conduto para ir à feira semanal na cidade de Kolomea; sem desconfiar que estava diante de um judeu, pois julgou que Haim fosse polaco, relatou, rindo cinicamente, sua "bela proeza" para com o judeu sentinela. Ainda não havia acabado de narrar sua "heróica façanha", eis que surge Eliazinho, pálido como giz, ainda meio estonteado e o malvado o apontou com arrogância, a gargalhar estrondosamente: "Olhe aí, o tal judeu!"

Haim logo percebeu o que havia ocorrido e mandou Eliazinho buscar dois companheiros poloneses e um chicote. Sua primeira providência foi trancar a porta, pára evitar que o "pássaro" fugisse. Ordenou que amarrassem fortemente as mãos e os pés do sujo petluriano e o jogassem no assoalho, com o traseiro para cima, completamente nu. Os dois soldados o seguraram, um na cabeça e outro nos pés, e como castigo por desrespeito à lei, Eliazinho recebeu autorização para aplicar-lhe vinte e cinto chicotadas. Os dois poloneses, não satisfeitos com as fracas lambadas do franzino vigia, pediram permissão ao Haim para substituí-lo, cumprindo melhor suas ordens. Descarregaram seu ódio com novas vinte e cinco chicotadas naquele nojento animal. O russo não conseguia andar mais, os dois polacos o carregaram para fora e pediram a um carroceiro, que passava, que entregasse aquele prisioneiro às cruéis brigadas de Lemberg, famosas por suas atrozes mortificações, de onde ele nunca mais retornou.

Os poloneses conquistaram toda a região — Kossov, Kolomea, Jabrié, a ponta norte da Galitzia até a fronteira da Romênia, até o rio Tcheremuch. Haim e seu batalhão circundavam sempre as gigantescas montanhas entre Kossov e Jabrié, fazendo constantes rondas.

E ali, Haim rememorava a miraculosa e fantástica figura do Venerável Baal Schem Tov, que duzentos anos antes percorria aqueles mesmos lugares, em suas preces e meditações; parecia-lhe sentir a vibração positiva que emanava do ar, fruto de uma obra divina, especialmente para a finalidade de uma vida espiritual. Até os campônios em seus trajes típicos — sobre a cabeça boinas redondas e largas, feitas de pele; casacos também de couro sem ser curtido; calças justas de lã branca — que usavam durante o ano todo, mesmo nos meses quentes de verão —; no seu puro primitivismo, — tudo isto — a par com a religiosidade dos judeus em sua vida de constante e profunda meditação, criavam o quadro da pureza e santificação dos tempos de Baal Schem Tov. A beleza do céu, descortinado por entre as frestas daqueles grandes montes, as casinhas brancas na planície verde, tudo, tudo mesmo, transmitia a paz e a presença daquele santo homem, amigo dos pobres como dos ricos, que transmitia a todos seu tesouro de bondade. Era possível elevar o pensamento mais além, à cabalística cidade de Tzefat, onde o Rabi Isaac Lúria e seus *tzefatas* se dedicavam ao ensino sagrado da Torá, duzentos anos antes de Baal Schem Tov. Mais tarde, duzentos anos depois, este faria os mesmos ensinamentos e estudos entre as cidades de Kossov e Kitov, que se achavam encravadas entre aquelas santas montanhas. Aqui, como lá, pode um judeu, em elevada prece, ver com penetrante olhar, os anjos, as almas dos Justos e dos Sábios, que flutuam iluminadas ao redor deste místico céu, entre estas serras. Não foi sem justificada razão que Baal Schem Tov escolheu esta sagrada região para dedicar-se às obras do Criador. Aquele ar purificado, trazendo à lembrança a Magnânima influência de Baal Schem Tov, calou fundo no espírito religioso de Haim, fazendo-o esquecer, às vezes, que além de adepto de Bescht, era um oficial polonês; ficava completamente envolvido, como em densa névoa, em profundo transe, de mundos superiores, cabalismo e sonhos místicos.

    Num ensolarado dia de inverno, um grupo de soldados descia velozmente de trenó pela encosta escorregadia de uma daquelas montanhas, sob o comando de Haim. Subitamente, num cruzamento, houve uma forte derrapada, que guinou e inclinou o trenó para a esquerda, justamente quando o galope do cavalo acompanhava o impulso acelerado do declive, impedindo-o de estacar. Este contratempo inesperado, provocou o capotamento do veículo e o animal, a condução e as pessoas começaram a rolar morro abaixo. Um não podia desligar-se do outro, assemelhando-se às lavas de um vulcão em erupção, em desabalada queda, para cair no fundo daquele abismo de cem metros, onde deslizava tranqüilamente o rio Tcheremuch.

    Foi nesta hora angustiante que Haim, como que iluminado pela rapidez de um raio, num minuto lúcido, apegou-se a uma tênue esperança de viver: implorou fervorosamente que a Graça de Baal Schem Tov o auxiliasse. No mesmo instante, como se obedecendo a uma ordem, o trenó bateu num poste telegráfico que estava no meio do caminho, atirando Haim para fora. Instintivamente ele abraçou fortemente aquela tábua de salvação e ficou assim pendurado no ar, chegando a ouvir o forte baque do trenó sobre as águas. O trenó, com o cavalo e seus colegas, tinha sido tragado pelo caudaloso rio, que prosseguia calmamente sua trajetória; e no lugar fatídico, só se via agora círculos giratórios, provocados por aquela inesperada absorção.

O único sobrevivente daquela catástrofe ficou muito machucado com o impacto daquele abraço, principalmente na cabeça. Esvaindo-se em sangue, foi escorregando lentamente; com a forte dor, desmaiou e ficou deitado sobre a neve.

Naquele estado, julgou ver a seu lado um simpático ancião judeu, rosto cândido e bondoso como de um anjo, vestindo um capote branco e *gartel*, meias compridas brancas e pantufas. Sentiu suas mãos delicadas, que lhe apertavam a cabeça, bem no local dolorido e murmurava fervorosamente uma oração. Com algum esforço, Haim tentou e conseguiu ouvir o que aquela prece, entoada maviosamente, dizia: — "Eu — Israel ben Hudel — ordeno que Haim ben Feigue continue a viver e que sua saúde retorne brevemente". Deitado, Haim observou que aquele venerável homem pousou a mão direita sobre os seus olhos e quando os reabriu, viu estar próximo de uma enorme mesa de gelo e neve tendo no centro uma balança flamejante com grandes pratos. No da direita, gravada em letras de fogo, a palavra "Haver", isto é, "Boas Ações" e no da esquerda, a palavra "Pecados". Perto da balança, um velho e grosso livro, que de tão antigo estava embolorado, com suas folhas bem amareladas. Sentado em frente à balança, um idoso Senhor, de aspecto saudável, faces rosadas, longa barba branca, dois grandes olhos pretos, muito penetrantes. De seus ombros saíam duas gigantescas asas. Surgiu um anjo pequeno que começou a despejar, ora no prato da direita, ora no da esquerda, ervilhas brancas, vermelhas, chamejantes. Quando pendia mais o prato da direita, ele jogava as vermelhas no da esquerda; quando este caía mais, colocava-as no da direita e assim, numa agonia sucessiva, durante longo tempo, sem uma solução definitiva. A cabeça de Haim estourava de dor; ele olhava e pensava, sem poder mover-se; queria gritar, falar, mas não conseguia. Porém, de repente, viu aparecer um anjinho montado num cavalo pequeno que se aproximou rapidamente da balança, pegou o animal com a mão e o colocou no prato da direita, deixando Haim intrigado e atônito. Naquele exato momento, uma alegria geral se apossou de todos que estavam ao redor daquela mesa de gelo e Haim ouviu o bondoso ancião de barbas brancas declarar com voz suave, que soou aos ouvidos como uma divina orquestra: "Haim ben Feigue — Lehaim (isto é, vida)".

Ao abrir os olhos, Haim viu que estava numa cama com roupas brancas e limpas, cercado por médicos e enfermeiras — irmãs de caridade — com aventais brancos. Todos se ocupavam de seus ferimentos, tendo nas mãos frascos de remédios, gazes, algodão e curativos. Um dos médicos pediu esclarecimentos sobre o que havia acontecido, mas Haim, em vez de responder, pedia-lhe que fizesse entrar Baal Schem Tov, pois precisava muito falar com ele. Seu corpo queimava ardendo em febre; insistia com o médico para que chamasse Baal Schem Tov, pois queria que ele o elucidasse, explicando por que motivo o anjinho havia colocado o pequeno cavalo no prato direito da balança, fazendo com que suas boas ações prevalecessem. Como sua temperatura subisse a quarenta graus, tomaram as devidas providências, aplicando-lhe injeções antitérmicas e narcóticos para que se acalmasse. Logo em seguida, Haim adormeceu e viu então Baal Schem Tov e pensou: "Agora vou pedir-lhe que me explique este enigma que me tortura a alma".

"Diga-me, Venerável Baal Schem Tov..." mas este o interrompeu, parecendo-lhe que tampava sua boca com um limão, impossibilitando-o de pronunciar uma palavra. Porém, para sua tranqüilidade, Bescht não se afastou e lhe disse: "Você se lembra do dia em que, há dez meses atrás, o seu batalhão passava pela aldeia entre Stanislavov e Kolomea e um soldado polonês do seu regimento quis roubar o cavalo que estava pastando naquele campo, e que pertencia a um judeu?" Nesse momento, Baal Schem Tov deu uma tossidinha e continuou: "E você, Haim, sem pensar nas conseqüências que poderiam surgir, arriscou simplesmente sua vida, sendo o único judeu entre tantos polacos anti-semitas, para salvar o cavalo de um pobre camponês, único ganha-pão para o sustento da esposa e seis filhos menores. Se, naquele momento, você não tivesse feito essa grande caridade, aquele homem e sua família teriam morrido de fome. Está escrito no Zohar, que Aquele que está no céu castiga e recompensa os homens pelos seus bons ou maus atos!" Suavemente, com muita doçura e carinho, ele completou a frase com um provérbio russo: 'O pagamento é feito de acordo com o serviço'. "E você, Haim, tomou uma atitude bastante perigosa, naquela hora a sua vida estava por um fio. Enquanto no céu estavam pesando e medindo as suas boas e más ações nos pratos da balança, o Tribunal Celeste não conseguia chegar a uma conclusão para determinar a sua sentença. Pois fique sabendo, Haim, que naquele momento decisivo para você, veio aquele lindo anjinho montado no pequeno cavalo que você salvou — e sem dar satisfações a ninguém, jogou-o no prato das boas ações que baixou imediatamente. Graças a ele, você foi julgado e sentenciado a continuar a viver. Asseguro-lhe, agora, Haim, que logo você estará completamente restabelecido, em breve será independente e ficará livre de mãos estranhas".

Após estas longas palavras de afeto, Haim abriu os olhos e verificou, agora bem acordado, que era um frio dia de inverno, seco, com a geada a formar arabescos e imagens na vidraça onde se projetavam os raios solares. Como se fosse com um toque de varinha mágica, a febre cedeu e pela primeira vez, desde o trágico desastre, Haim sentiu-se bem, quase recuperado. Imediatamente a irmã de caridade, sua enfermeira, se aproximou com um doce sorriso nos lábios, um copo de leite quente nas mãos e enquanto ele o sorvia com gosto, ela lhe perguntou, com devoto sentimento: "Qual o significado da palavra B'Schem que, durante todo o seu delírio, você não deixou de pronunciar?" Haim, pensativo, perguntou a si mesmo: "Como poderei explicar algo do nosso Elevado Judaísmo a uma cristã que ignora por completo a grandeza, pureza e intensa luminosidade do nosso querido Baal Schem Tov?" Mas, logo lhe veio uma feliz inspiração e disse: "Eu não falava B'Schem, mas sim Baruch Hachem, isto é, Louvado seja D-us, por me ter permitido continuar a viver!"

Comovida, a irmã de caridade fez o sinal da cruz por três vezes e retirou-se silenciosamente do quarto, deixando Haim a sós, tranqüilo e em paz, com seus elevados pensamentos.

GLOSSÁRIO

AMORAIM: sábios do Talmud.
Árvore da Vida, A: resumo do sistema cabalístico do Rabi Isaac Lúria (Ari, ou seja, Leão; acróstico composto de Aschquenazi Rabi Itzaak) e escrito por seu melhor aluno: Haim Vital Calabrese.
ARIZAL: abreviatura do Rabi Isaac Lúria.
BAAL SCHEM: Dono do Nome, Taumaturgo.
BAAL SCHEM TOV: Mestre ou Dono do Bom Nome ou da Boa Fama.
BAAL TEFILÁ: cantores.
BAR MITZVÁ: denominação dada ao rapaz judeu que completa treze anos, pois ingressa na maioridade religiosa, tornando-se responsável perante Deus e podendo participar do quorum (*minian*).
BEIT HA-MIDRASCH: casa de estudos.
BEIT HA-MIKDASCH: Templo de Jerusalém.
BERACHOT: bênçãos.
BESCHT: abreviatura de Baal Schem Tov.
BRIS: circuncisão.
CABALA: ciência oculta, movimento místico judaico; deriva do hebraico *Kebalah,* isto é, recebimento.
DAIAN: Juiz da Corte Rabínica.
DARCHEN: intérprete da Torá.
ELUL: duodécimo mês do calendário judaico.
ERETZ ISRAEL: Palestina.
FRANQUISTAS: Seguidores de Shabatai Tzvi.
GARTEL: cinto usado durante as orações.
GOIM: gentios.
GUEMARÁ: parte complementar do Talmud, com comentários sobre a Mischná; estudo das leis tradicionais judaicas, interpretações da Torá.
HALACHA: leis, preceitos rabínicos.
HANUCÁ: festa das luminárias que é celebrada durante oito dias; comemora a reconsagração do Templo pelos Macabeus.
HASSID: piedoso.
HAVDALÁ: prece da separação do sábado dos dias comuns.
HEIDER: escola.
HIPA: pálio, sobrecéu portátil com varas que se leva em cortejos para cobrir a pessoa festejada.
ÍDICHE: dialeto falado por uma parte dos judeus, cuja base é o alto alemão do século XIV, com elementos hebraicos, eslavos, franceses e italianos.

KASCHER: puro.
KIDUSCH: oração da bênção sobre o vinho.
KOL NIDRE: Todos os Votos — palavras iniciais da fórmula de absolvição pronunciadas na véspera do Yom Kipur.
LAMDEN: sábio.
MAARIV: oração da noite.
MAGUID: orador.
MATZÁ: pão ázimo.
MAZEL-TOV: parabéns.
MEHAIEH METIM: ressuscitas os Mortos.
MELAMED: professor.
MEZUZÁ: talismã fixo no batente à direita nas portas das casas judaicas.
MICHPAT: julgamento.
MIKVÁ: piscina própria para o banho de purificação.
MIN-HÁ: prece da tarde.
MINIAN: conjunto de dez pessoas indispensável para se realizarem as rezas e ritos judaicos.
MITZVÁ: caridade.
MUSSAF: originariamente, um sacrifício adicional nos sábados e dias festivos, depois substituído por orações recitadas após a oração da manhã.
NEILÁ: Conclusão. Designa a prece final da solenidade do Yom Kipur.
PEIES: costeletas compridas.
PESSACH: Páscoa.
PURETZ: senhorio.
ROSCH HASCHANÁ: Ano Novo.
SCHABAT: sábado.
SCHAHARIT: primeira parte da reza matutina.
SCHALOM ALEIHEM: A Paz esteja convosco.
SCHEMOT: nome do segundo livro do Pentateuco, Êxodo.
SCHMONE ESRÉ: As dezoito bênçãos.
SCHOHET: abatedor de animais e aves, de acordo com os preceitos judaicos de pureza ritual.
SCHAVUOT: festa do Pentecostes. Festejo das primícias e dedicado à revelação no Monte Sinai, a entrega das Tábuas, celebrado durante dois dias e comemorado Sete Semanas depois da Páscoa.
SCHIR-HASCHIRIM: Cântico dos Cânticos do Rei Salomão.
SEFARDITA: costume oriundo do judeu espanhol.
SIDUR: livro de orações.
SIMHAT TORÁ: festa da Torá.
SOLIDÉU: pequena boina que cobre a cabeça, usada obrigatoriamente pelos judeus, dia e noite.

SUCOT: Festa das Cabanas ou dos Tabernáculos, cuja celebração dura oito dias.
TALMUD: o mais famoso livro judaico, depois da Bíblia. Constitui uma coletânea completa de escritos de diferentes épocas sobre inúmeros temas, por intérpretes da Bíblia e da Lei Oral. É uma enciclopédia da lesgislação, do folclore, das lendas, das disputas teológicas, das crenças, das doutrinas morais, das tradições históricas da vida judaica durante sete séculos. Divide-se em Talmud de Jerusalém e Talmud da Babilônia, conforme o lugar onde foi redigido. Subdivide-se em Mischná, que é interpretação da Torá, e Guemará, seu complemento.
TANAIM: sábios do Talmud.
TEFILIM: filactérios.
TEHILIM: Salmos de David.
TNOIM: contrato de casamento.
TZADIK: justo.
TZEFATAS: discípulos.
VIDUI: prece dos agonizantes.
YOM KIPUR: Dia da Expiação.
ZOHAR: livro básico da doutrina mística judaica também chamado Livro do Esplendor que constitui uma importante compilação da Cabala.

Diagramado — Composto — Impresso
em equipamentos de
VANER BÍCEGO
C.G.C. 62.099.650/0001-93
04140 — Rua Quatinga, 12
Telefones: 275-3910 e 275-7620 — São Paulo